真似するだけで
印象が劇的によくなる

38歳からの
ビジネス
コーデ図鑑

Yoshiyuki Morii
森井良行
スタイリスト

日本実業出版社

はじめに

「服」を変えるだけで印象が劇的によくなる。そして、結果が変わる

私は芸能ではなく、一般の方のスタイリストとして、これまで４５００人以上の買い物に同行してきました。そして、多くの方から**「服を変えたら、想像以上の成果があった！」**という嬉しい感想をいただいています。

- **入社初日でも気負わず、職場にすぐ馴染めました！**
- **営業成績で年間ＭＶＰを獲れました！**
- **ビジネス交流会が名刺交換だけで終わらず、取引が劇的に増えました！**
- **社内恋愛が成就しました！**

ビジネスからプライベートまで、服を変えただけで仕事や人生が変わったというご報告

です！

たとえば、私のところに相談に来られたＩＴ企業で働く男性（30代）は、服を変えて**恋愛が成就**しました。

彼が思いを寄せていたのは同じ職場の女性。しかし、社内の人間関係ということで、気持ちをストレートに伝えることができずに悩んでいたそうです。

あなたなら、どうやって職場の気になる女性と接点をつくりますか？

「そのネイル、素敵だね！」

このようにほめてみたらどうでしょうか。たしかに、彼女を喜ばせることができそうですが、「突然、何？」と警戒される恐れもありそうです。

そこで私は、**女性のほうから声をかけてもらう「服のしかけ」**を提案しました。

その結果……、

「そのネクタイ、素敵ですね！」

意中の女性からそう声をかけられて、**会話のきっかけが生まれた**そうです。

きっかけとなった服のしかけは、「淡いピンクのネクタイ」。

彼が自分では選ばない、**女性的な色を服に取り入れて、女性が思わず声をかけたくなるような爽やかな印象**を目指しました。

それ以降、業務外のやりとりが増えた彼らは、社外でも会う関係に発展。そして、正式に交際が始まったそうです！

このように、**服で印象を変えて、状況を好転させることは、実に簡単です。**

そして恋愛に限らず、服で印象を変えることは**ビジネスでも効果的**です。

その一例を紹介したいと思います。

とある外資系の保険会社で働く2人の営業マンがいるとします。

あなたなら、どちらの営業マンを頼りにしますか？

なお、2人から提案されるライフプランは同じです。

■Aさん

・明るいネイビースーツに、水色のネクタイ

・体にフィットしたサイズのスーツを着ていてシュッとしている

■Bさん

・黒いスーツに、ストライプ柄のネクタイ

・体より多少大きめのサイズのスーツを着ていてダボっとしている

じつは、このAさんとBさんは**同一人物**です。

以前、私に服の相談をされた男性（20代）のビフォー・アフターです。

彼は、外見よりも中身勝負で仕事をするタイプで、丁寧な商品説明や契約後のフォローが評判だったそうです。その仕事ぶりが評価されて、業界トップクラスの今の保険会社からヘッドハンティングを受け、転職をしました。

新天地でも、**「中身がしっかりしていれば絶対に売れる！」**という信条を貫いて、仕事に励みましたが、思ったような結果を得られずに悩んでいたそうです。

そんなある日、先輩のすすめで、私のところへ相談に来られました。

初めて彼にお会いしたときに着ていた服装が、先ほどの例にあげた**「黒いスーツにストライプ柄のネクタイ」**（Bさん）。

きちんとしたスーツとネクタイを召されていたので、清潔感はありましたが「外資系保険会社の営業マン」としては、**少々頼りない印象**を受けたのが正直なところです。

そこで、**「明るいネイビースーツに水色のネクタイ」**（Aさん）というコーデ（コーディネート）を提案し、スーツを一新してもらいました。

その結果、**目標にしていた年間の営業成績を達成！**

「目標達成の見通しがまったく立っていなかったこれまでがウソのようです！」と笑顔でご報告いただきました。

●「なりたい自分」を言葉にすると印象が変わる？

一般的に男性は、女性と比べると、**おしゃれに無頓着になりがちです。**

20代、30代のうちは、それで問題ないと思います。

しかし、**40代を目前にすると、普通にスーツを着ているだけでは格好がつきにくくなってくるのではないでしょうか。**

すると、**いくら中身がよくても、外見で印象を決められてしまうことがしばしばあります。**

私たちは無意識のうちに第一印象で人を評価しています。

「この人、仕事できそうだな」とプラスの印象を抱くのと同じように、自然と**「この人、頼りないな」「仕事できなさそうだな」**と思ってしまうということです。

しかし、**印象は、服で簡単に、しかも劇的に変えることができます。**

そこで本書は、服で印象を高める方法を**『『いい見た目』の基本を知る」→「『なりたい自分』を言葉にする」→「真似する」**の3ステップで解説します。

『『いい見た目』の基本を知る」は、第1章でお伝えします。

いい見た目は、**「清潔感」**と**「存在感」**でつくられています。

しかし、この2つはどちらも曖昧《あいまい》で、どうやって身につければいいかわかりにくいですよね。

そこで、清潔感と存在感に必要なちょっとした着こなしや服選びのコツを解説します。**知っているだけで劇的な効果を得られる服の知識**です。「明日からカッコよくなるための勉強！」だと思って読んでみてください。

『『なりたい自分』を言葉にする」は、第2章で解説します。

服選びがワンパターンになりがちで、なかなか新しいアイテムに手が伸びない方は、この第2章をぜひ、お役立てください。

クライアントに服を提案したとき、「僕には派手すぎます……」「白パンは僕には似合わないと思います……」と言われることがあります。

しかし、それは大きな勘違いです！

よほど奇抜な服でない限り、「派手すぎる」「似合わない」ということはありません。

「派手すぎる」「似合わない」と思ってしまう原因は、**「おしゃれメンタルの不足」**に原因があります。なお、おしゃれメンタルとは、「おしゃれに気後れせず、服を着こなす精神」のことです。

おしゃれメンタルに必要なのは、**「なりたい自分」を具体的に描く**こと、それだけです。なりたい自分から逆算して考えれば、これまで挑戦したことのなかった服やアイテムでも、「将来の自分に必要なもの」と思えて、自然に身につけることができます。

そうして、「おしゃれメンタル」が確立すれば、服だけではなく、顔つきも変わりまわりの反応が劇的に変わるはずです。

「真似する」は、実践編です。第3章以降をご覧ください。真似するだけで状況に応じた印象を醸し出せる**「38種類の着こなしコーデ」**を、**「オフィス編」「オフィスカジュアル編」「プライベート編」**のシーン別で紹介します。

・**大切なプレゼンで発言に凄みを持たせたい**
・**交流会で親しみやすさを演出したい**
・**大先輩たちとの飲み会で、一目置かれる存在になりたい**
・**男の余裕を醸し出して、女性に頼もしさをアピールしたい**
・**休日の着こなしをワンランクアップさせたい**

これらの目的や目標を意識したコーデは、**「真似するだけ」で印象を自在に変えられる超実用的なフォーマット**です。

●服はコミュニケーションの一部に含まれる

学生の頃、私は人とのコミュニケーションが苦手で**「クラスの地味なヤツ」**でした。そのため、服やファッションについてアドバイスをしたり語ったりしているなんて、自分でも信じられませんが……（！）、服で印象をよくすることは、それほど簡単で、誰にでもできる強力な必殺技なのです。

普通の人よりコミュニケーションが苦手だったからこそ、10数年かけ、人が抱く「印象」を1つひとつ検証し、性格、話し方、表情、髪型、服装……など努力でどうにかなることには試行錯誤を重ねました。

その結果、**いちばん簡単で、効果があったのは「服を変える」こと**でした。

私がこれまで服のアドバイスをさせていただいた4500人以上のお客様は、会社員、経営者、彼氏や旦那さんにもっとカッコよくなって欲しいと願う女性など、一般の方々です。そして、私と同じように「人間関係をもっとよくしたい！」という思いを持って、一念発起して相談に来られるお客様も大勢いらっしゃいます。

そのため本書で紹介する服装術は、今のファッション業界のトレンドからは外れているかもしれませんが、**ビジネスやプライベートでは、抜群の効果を発揮することをお約束します。**

本書は、「おしゃれ度」ではなく、**「印象」を高めるガイド**だと考えてください。

私の好きな言葉で、**「外見は、いちばん外側にある内面」**というものがあります。

外見を磨くことは、決して浮ついたことではなく、**価値ある努力**だと私は信じています。

そして、**その努力は内面のよさをきちんと理解してもらうための第一歩**です。

服であなたの印象、評価が変わって、人生のターニングポイントになるほどの変化が訪れることを願って、「いい見た目」の基本の説明に入ります。

38歳からのビジネスコーデ図鑑●目次

CONTENTS

第4章

真似する▼オフィスカジュアル編

ブックデザイン　奥定泰之
イラスト　片倉　航
本文DTP　一企画

第1章

「いい見た目」の基本を知る

好印象は「清潔感」＋「存在感」でつくられる

私は、小学生の頃、スクールカーストの下位で地味な毎日を送っていたこともあって、人一倍「よく見られたい」「どうしたら瞬時に人から受け入れられるものか」という悩みと向き合い、その方法を30年以上も考えてきました。

その結果、**好印象は「清潔感」と「存在感」でつくられる**ことを発見！

これは、第一印象で「この人いいな」「また会いたいな」と思った人の共通点を探ってたどり着いた結論です。

そして、自分に取り入れるため、最初に取り組んだことは、**「清潔感」と「存在感」の言語化**でした。それらが好印象の共通点だとわかっても、その正体は曖昧で、目指すべき具体的なゴールがわからなかったからです。

そこで私は、次のように言葉で定義づけをしました。

・**清潔感＝マイナス要素ゼロ**
・**存在感＝人の記憶に残る**

「マイナス要素ゼロ」＋「記憶に残る」で80点以上の見た目がつくれます。

このことについて、もう少し詳しく説明していきます。

「清潔感があるな？」と感じる人を注意深く（こっそりと）観察していると、ある共通点がありました。それは、**「NG要素がない」**ということです。

たとえば、シャツの襟《えり》や袖《そで》の先にぴしっとアイロンがかかっていたり、靴がピカピカに磨かれていたりするなど、全身の至るところに身だしなみを整えた痕跡《こんせき》がありました。

そして、逆を考えてみてハッとする気づきがあったのです。

「見た目のマイナス要素は目立つけど、プラス要素は目立たない」ということ。たとえば、黒いジャケットの肩にフケがついていたら、たとえそれが2～3粒でも、不潔な印象を受けるのではないでしょうか。また、シャツの襟にアイロンがちゃんとかかっていなかったり、袖口がほつれていたりするだけで、くたびれた印象を受けることでしょう。

このように、**清潔感とは細部に宿る**もの。

その努力に気づいてもらえなくても、「マイナス要素ゼロ」にする必要があり、これが清潔感のスタート地点です。

「隠れた努力だからこそ、清潔さが空気感として伝わる」と私は考えています。

清潔感は対人関係において不可欠な前提条件ですが、それだけではマイナスがゼロになっただけです。**ゼロをイチ以上にしてはじめて、相手に認知され、好印象につながります。**

そこで必要なのが、**人の記憶に残る存在感**です。

難しく感じるかもしれませんが、存在感は、服やファッションアイテムで簡単に取り入れられます。

全身のコーデに差し色で鮮やかな色のインナーをプラスしたり、さりげない柄の入ったジャケットを羽織るなど、詳しくは後述しますが、方法は無限にあります。

ちなみに、マイナス要素であるフケや袖、襟の汚れは「記憶に残る」という点では作用しますが、好印象につながるとは考えにくいでしょう。

その意味からも、印象をよくするには「マイナス要素ゼロ」＋「記憶に残る」が大切です。

●好印象を持ったときの反応は「たしかに○○っぽいですね」か、「え、○○に見えないですね」の2択

記憶に残る存在感を出すために覚えてほしい簡単なコツがあります。

それは、**見た目で「マッチング」か「ギャップ」をつくること**です。

具体的には、**「お仕事はやっぱり○○ですか」**というように自分の職業と印象をマッチングさせるか、あるいは**「えっ、○○に見えないですね」**というようにギャップをつくることを意識します。

あなたの仕事が一般的に華やかなイメージ（Webデザインなど）なら「マッチング」を、堅実なイメージ（公務員など）なら「ギャップ」を印象づけることで相手に覚えてもらいやすくなります。

以前、**「マッチング」の印象を提案したときのこと**です。

Web制作のお仕事をされている男性（40代）は会員制のビジネス交流会で人脈を広げようと考えていました。ところが、名刺交換をしてもその場で終わることが多かったそうです。そこで、**「交流会に着ていく服を見直したい」**というご依頼を受けました。

初めてお会いしたとき、正直、クリエイティブなイメージが強いWeb系のお仕事をされているとは思いませんでした。なぜなら、「普通のスーツ」を着ていたからです。

華やかなイメージの職業の場合、地味な服では、お仕事の専門性が印象とマッチングしません。そこで、これまでの装いを見直してもらいました。

一般的に、「Web制作＝クリエイティブ」と想像する人が多いので、クリエイティブな印象を与える華やかなコーデを提案したのです。

スーツパンツをジャケパン仕様（テーラードジャケット＋パンツ）に変え、シャツとジャケットの間に真っ赤なニットセーターを挟みました。**あえて派手なニットを取り入れる**ことで、「Ｗｅｂ制作」という仕事のイメージを際立たせました。

後日、そのコーデでビジネス交流会に行ったところ、**「Ｗｅｂ制作のお仕事だからオシャレなんですね」**と言われることが増え、そこから仕事がもらえることが増えたそうです。

一方、**「ギャップ」を提案したときは次のようなシチュエーション**でした。

そのお客様は、電気工事の技術者（30代）として働かれています。

ある日、彼が**婚活パーティーに参加**したところ、会話のチャンスはあれど、女性からの反応は薄く、体感としては「反応ゼロ」だったそうです。それにともない、ご縁もゼロで落ち込まれていました。

その婚活パーティーでの服装を伺うと、真面目で職人気質な技術者らしいブルーシャツに太めのチノパンを合わせた堅実な印象の服だったのです。

そこで、**仕事と印象の間に「ギャップ」をつくるため、白いパンツに紺のジャケット、レモン色のＴシャツを合わせたコーデを提案**しました。

後日、そのコーデで婚活パーティーに参加。いつも通り「技術系の仕事をしています」と自己紹介したところ、**「えっ、そう見えないですね！」**という反応を女性からもらい、「カップル成立」にまで至ったということでした。

自己紹介の内容も本人のパーソナリティーも変わっていません。変わったのは服だけです。

つまり、**印象次第で人間関係のスタート地点が大きく変わります。**

私は印象のアドバンテージは、トーナメント戦のようなものだと考えています。第一印象で好印象を持たれたらシード権を得て「決勝トーナメントからのスタート」、第一印象で好印象を持たれなかったら「予選トーナメントからのスタート」です。

どっちが得かは、明らかですよね……！

【清潔感を身につける①】

「ただ服を着る」から卒業する

清潔感のスタート地点は「マイナス要素ゼロ」だと言いました。

そのための方法を詳述する前に、まずは多くの人が陥りがちな、服と着こなしのNGポイントについて解説したいと思います。

それは、**「服の間違った組み合わせが清潔感を損なわせる」**ということです。

私たち男性のほとんどは、化粧をする習慣がないため、女性と比べてどうしてもファッションやおしゃれに関心を持ちづらく、そのまま年を重ねていきます。

10代20代のときは、服やおしゃれにそれほど気を使わなくても、それなりの格好がつきます。しかし、加齢による髪型や体型の変化で、**「あれ、似合う服がない（あるいは、わからない）ぞ……」**と悩む人は少なくありません。

そうして、いわばファッション迷子になったとき、多くの人は服選びを重視しがちですが、じつは**「服選び」よりも、「服をどう組み合わせるか」のほうが大切**です。

服の組み合わせを間違えてしまうと、全体のバランスが崩れ、さらに「マイナス要素」が悪目立ちしてしまうからです。

たとえば、今まで服に無頓着だった男性が思いがちなこととして**「高いものを買えばいい」**という発想があります。

働き盛りで20代の頃に比べたらお金もあるので、服に迷ったときに「とりあえず百貨店に行って、高いジャケットでも買えばいいかな」と考えます。

しかし、たとえアルマーニのジャケットを買ったとしても、合わせるパンツを間違えてしまうと、アルマーニの高級感が悪目立ちしたりパンツの欠点が強調されたりして違和感のある全体像ができてしまいます。

これが、**「印象のマイナスはプラスで解消できない」**ということです。

算数であれば、マイナスがあっても、プラスのほうが大きければマイナスはなくなります。この極めてシンプルな計算式が、服や身だしなみには通用しません。どんなにアルマーニのジャケットが素晴らしくても、そのプラスと同時にマイナスな印象のパンツも視界に入ってきてしまうからです。

そうならないために押さえておきたい服の組み合わせのポイントは、**「服の先端」「サイズ感」「丈感《たけかん》」「素材感」**です。

このポイントは、本書を通してお伝えしていきますので、ここでは、**「服の組み合わせ次第で相手に与える印象が大きく変わる」**ということを、まずはインプットしてください。

【清潔感を身につける②】

清潔感は「先端」に宿る

私は、「清潔感」＝「清潔」ではないと考えています。

「清潔感がある」とは、細部に「残念なところがない」ということです。

もちろん、清潔感を醸し出すために体や身なりを清潔にすることは大切です。

しかし、清潔感でポイントとなるのは、「感」で表現されている「清潔そうな空気感」です。それは身だしなみへの細かい意識でつくられます。

つまり、全体の印象は、細部の集合体だと考えてみてください。

人は、**「身だしなみを整えた細部の痕跡」**を瞬時に感じとります。

初対面で印象がいいと感じた人に対して「あ、この人は身だしなみに気を使っているんだろうな～」と感じた経験は、誰もがあるのではないでしょうか。

以前、あるホテルマンの方から、**「清潔感は先端に宿る」**と教えてもらいました。人は、「つま先」「指先」「毛先」など、人間の先端のパーツを見て全体を判断する傾向があるそうです。

この話は、服にもそのまま当てはまります。

ビジネスファッションで、人が無意識のうちにチェックしている先端は**「シャツの襟先」「ジャケットの袖先」「ネクタイの剣先」「靴のつま先&かかと」**の4ポイントだと私は考えています。

では、その各先端の整え方について、具体的に解説します。

【シャツの襟先】

シャツの襟先は、顔にいちばん近く、**相手と顔を合わせるたびに必ず目に入ってくるポイント**です。

「カラーキーパー（カラーステイ）」という便利なアイテムを知っていますか。

これは、シャツの襟先の形状をピシッとしてくれる「襟の芯」のようなものです。**襟の裏にあるポケットに入れて使う**もので、プラスチック素材のものが一般的です。ビジネス用のシャツには、あらかじめカラーキーパーが入っているものもありますが、その存在はあまり知られていません。

そして、カラーキーパーに気づかないままクリーニング屋さんにシャツを預けてしまうと、9割以上の確率でキーパーは捨てられてしまいます。

カラーキーパーが入っているシャツには、予備も付いていますが、なくしてしまった場合、市販のものを買うこともできます。ツープライススーツ量販店（主に2つの価格帯からスーツを選べる量販店）などで、10組200円程度で販売されています。

クールビズの期間中は、ノーネクタイで第一ボタンを開けてシャツを着るスタイルが主流になっています。

その場合、**シャツの襟先は目立つので、カラーキーパーの再確認がより大切**です（ボタンダウンシャツは除く）。

また、第一ボタンを開けたシャツスタイルの男性について、知り合いの営業職の女性（29歳）がこんな話をしていました。

「第一ボタンが開いているとシャツの襟裏まで目がいってしまう。襟裏が黄ばんでいる男性は意外と多い……」

襟先のパリッと感に加えて、襟裏もじつは女性に見られているのです。

シャツの色・柄へのこだわりも大切ですが、基本としてまずは、**襟先・襟裏のお手入れを徹底**したいところです。

【ジャケットの袖先】

シャツの袖先は、ジャケットから1㎝程度見えるのが最適な着こなしです。

そもそも**シャツは、ヨーロッパでは下着**と認識されています。

そのため、**シャツの役割はジャケットの袖裏に皮脂が付くのを防ぐこと**で、それ故にジャケットから1㎝出すことが当たり前だとされています。

これは、ジャケットの袖裏に皮脂が付くのを防ぐだけではなく、袖先の生地を傷みにくくもしてくれるので、長持ちします。

ジャケットの袖先が皮膚に直接触れると、摩擦が起こって生地を傷めるのです。

また、**「ジャケットから出たシャツの袖先1㎝」には、清潔感を演出する視覚的効果もあります。**

ジャケットがダークな色の場合、白いシャツが袖からチラッと見えると、そのコントラストが爽やかなメリハリを生みだすからです。

ジャケットやシャツの袖のお直しは、ツープライススーツ量販店でも受け付けてくれるところがあります。

プラス数千円で清潔感が身につくと考えれば高い買い物ではないので、ぜひ「ジャケットから1㎝、シャツが出る長さ」を取り入れてみてください。

【ネクタイの剣先】

最適なネクタイの剣先の位置は、立ったときに剣先がベルトの位置にくる程度だと言われています。

それを基準としたとき、**剣先の位置が短すぎるとコミカルな印象を、長すぎるとだらしない印象**を与えてしまいます。

この**「だらしない」という見え方こそ、清潔感をかき消す天敵**です。

そして、ネクタイの結び目の緩みも「だらしない」という印象を与えてしまうポイントです。

そこで、**「セミウインザー・ノット」**という結び方をおすすめします。

ノット（結び目）をすっきりと見せる見栄えと、緩みにくい実用性を兼ね備えた結び方です。とりわけ外回りの営業職など、動くことが多いビジネスマンの方はぜひ取り入れてみてください。

【靴のつま先&かかと】

「足元を見る」ということわざもあるように、人は相手の実情を判断するときに、足元をチェックする習慣があります。

事実として、足元から推測できる情報は意外と多いためでしょう。

したがって、つま先のお手入れに加えて、**かかとにも注目**することをおすすめします。特に、女性と接することが多い職場の方にとっては重要なポイントです。

女性はヒールのかかとを修理することが多く、男性の靴を見たとき、かかとのすり減り具合がよく目につくそうです。

ゴムがすり減って靴底の革の色が見えている靴は今すぐ修理に出しましょう。

【清潔感を身につける③】

生地のたるみは「印象の贅肉」である

「生地のたるみは印象の贅肉です」

これは、私がセミナーでよくお伝えしていることです。極端な言い方かもしれませんが、多くの人が見落としがちな「ちょうどいいサイズ」の重要性を理解してもらうために、あえて過激に表現しています。

一般的な服のサイズ表記は、S・M・Lで示されていて、パンツだったらウエスト、ジャケットだったら肩と合わせてサイズを選んでいる人が多いと思います。

しかし、そのようにサイズを選ぶと、生地にたるみができる可能性があります。そのたるみは、**「胴」「腕」「太もも」「ふくらはぎ」に出やすい**傾向があり、それが「印象の贅肉」につながってしまいます。

逆に言うと、**「ちょうどいいサイズ」**を選びさえすれば、**印象がよくなるだけではなく、体型のコンプレックスをカバーすることもできます。**つまり、自分の体型に合ったサイズを着ることで、全体をすっきりと見せられるのです。

たとえば**「頭の大きさ」「胸板の薄さ」「鳩胸」「下半身太り」**などといったコンプレックスは簡単にカバーできます。

では、パンツとジャケットの最適なフィット感について解説します。

【パンツ：ふくらはぎのフィット感】

パンツを選ぶときは、ウエストだけで合わせがちですが、**裾幅**にも意識を向けましょう。「徐々に細くなる」という意味で、パンツの裾幅の広狭《こうきょう》を示す「Taper（テーパー）」というファッション用語もあります。パンツは裾幅の数値を指定し、詰めることが可能です。**スラックスの最適な裾幅は18～19㎝。**

個々人のふくらはぎの太さや流行によって最適な裾幅は変わりますが、「生地のたるみは印象の贅肉」と考えると、余分な生地は削りたいところです。

とはいえ、太もものセンタープレスが消えてしまうほど細いフィット感にしてしまうと、着ている本人は平気でも「窮屈そう」という印象を与えてしまいます。

そのため、**ふくらはぎあたりの生地を5㎝くらいつかめる程度がベスト**です。

お直しが必要な場合でも、裾幅指定はプラス数千円でできます。

【ジャケット：胴まわりのフィット感】

ジャケットを選ぶポイントは、**袖のアームホール（腕の付け根部分）**です。

アームホールの大きさ次第で、上半身の印象が大きく変わります。

アームホールの最適な大きさは、ジャケットのボタンを留めて、両腕をぶらんと下げたときに、腕とウエストの間に空間ができる状態です。

腕とウエストの間に空間ができることで、その隙間が**くびれの役割**を果たして、ポッコリお腹が凹んで見えたり、ペタッとした胸板が厚く見えたりします。

胴まわりのサイズはボタンを留めた状態で、ジャケットとシャツの間に拳がひとつ入る程度がベストです。

アームホールが大きいジャケットだと、たとえSサイズであってもくびれができません。腕や胴まわりのサイズ感だけで判断せず、くびれの有無にも意識を向けることが、ジャケットのフィット感を判断する極意です。

私服のジャケットの場合は、ボタンを開けている状態でチェックしてみてください。

フィット感を意識することで、「見た目の無駄」をなくすことができます。

お腹がポッコリしている体形であっても、手足を細く見せたほうが着痩せしてスッキリ見えます。

フィット感のお手本として、アニメ「ルパン三世」に登場するキャラクターのバランスをイメージしましょう（笑）。

【清潔感を身につける④】

「今っぽさ」が清潔感に磨きをかける

ファッションの最低限のトレンドを押さえることは、とても重要です。

たとえば、30代になっても大学時代に流行ったファッションをしている人や、未だにバブル期のような肩パッドの入ったスーツを着ている人を見ると違和感を覚えますよね。その印象は、**「空気が読めない人」**につながりかねません。


ビジネスファッションの世界で、流行に大きな波はありませんが、唯一、流行として変化するのは**「丈感」**です。

ここで注目したいのは、パンツとジャケットの丈感です。

その流行は、5年〜10年の間隔で次のように変化をしていきます。

ジャケットの袖丈……不変

ジャケットの着丈……5年サイクル
パンツの裾丈……10年サイクル

ここ15年間でジャケットの袖丈基準に変化はありません。借り物の服に見えないように、**ジャケットの袖先から親指の爪先までの距離を10〜11㎝**にすれば十分です。

私が今の仕事をスタートして15年。ジャケットの着丈は5年サイクルで変化し、さらにシーンによってベストな丈感が異なります。

最近の丈感の流行は、気持ち長めです。また、**長い丈はエレガント**に、**短い丈はカジュアル**な印象を与えます。

以上を踏まえて、ジャケットの着丈を選ぶときは**お尻を目安**に判断しましょう。

スーツのジャケット……お尻が5分の4から4分の3隠れる程度
オフィスカジュアルのジャケット……お尻が4分の3から3分の2隠れる程度
私服のジャケット……お尻が3分の2から2分の1隠れる程度

また、**ジャケットは、着丈が短いほどスタイルがよく見えます**。上着の丈が短くなった分、下半身が長く見える足長効果があるからです。特に、日本人男性の平均身長である172㎝未満の人に効果的です。

最後に**パンツの丈感**について解説します。

10年前と比べると、**昨今のスラックス丈は短くなっています**。

また、スラックスの裾幅は18〜19㎝が主流だと前述しました。しかし、そのような**細い裾幅に長い丈を合わせると、余った生地が足元に不要なシワをつくってしまい見栄えが悪くなってしまいます**。

そのため、**スラックスの丈は、立ったときにクッションと呼ばれるシワが足首に1つ入る程度か、座ったときに靴下がチラッと見える程度がベスト**です。

この基準は、「シングル仕上げ」の丈感です。

「ダブル仕上げ」をする場合は、3.5〜4㎝の折り返しを目安としてください。折り返した分、丈の仕上がりが短くなりますが、それが小慣れた印象をつくり出します。

【清潔感を身につける⑤】

服の素材は季節に合わせる

季節によって服の素材は変わります。

素材でチェックすべきは、**「季節感」**と**「ドレス感」**です。

身体にフィットした、サイズ感が合った服を身につけたとしても、真冬に麻のシャツを着ていたら、季節や空気が読めない人に見えかねません。

もちろん、高級感を出するため、あえて麻を数%混ぜた冬のウールジャケットもあります。ですが、**麻が50%以上混ざったジャケットは秋冬には向きません。**肌寒さを防ぐ機能面に問題はないとしても、まわりには寒々しい印象を与えてしまいます。

季節ごとの素材感は、次のように考えてください。

・**春秋：綿**

・初夏：麻

・秋冬：ウール（例外アリ）

とはいえ、ウォッシャブルや速乾性、撥水効果など、機能面も兼ね備えたビジネスファッションが増えた今、複数の素材が織り込まれた生地もスタンダードです。そういった服には、化学繊維も使われています。

そのように、**いろんな素材が混ざった服のときは、素材のなかでいちばんウエイトを占めるものを季節感の基準**としてください。

ただし、**ウールは例外**です。綿・麻に比べてシワがつきづらく、ドレス感を高めるため**春夏でも重宝**します。じつは、クールビズのスラックスにはウールが含まれています。

そこで、ウールの季節感を判別する基準は**「目付《めつけ》（重さ）」**です。

生地1平方メートルあたりが230g以下の軽めのウールは「サマーウール」と呼ばれています。季節から明らかに逸脱しない素材選びもマイナス要素をゼロにするためには欠かせないポイントです。

【存在感を高める①】

記憶に残るファッションのルール

これまで、清潔感について解説してきました。

ここからは、あなたの存在感を高める方法についてお伝えしていきます。


見た目で好印象を持ってもらうために、清潔感はとても大切です。

しかし、「清潔感がある人」というだけでは、無味無臭な印象にしかすぎず、なかなか人の記憶に残りません。


そこで、**清潔感に加えてキーポイントとなる「何か」を加えることが大切**です。

そのポイントは、**「色」「柄」「小物」「アウター」**です。

しかし、「派手なファッション」を目指すわけではありません。

お客様からよく**「シンプルなカッコいい服を選んでください」**という要望をいただきます。たしかに、女性に好きな男性ファッションを尋ねると「シンプルなカッコいい服」という答えがよく返ってきます。しかし、これには**罠**があります。

それは、**シンプルな服が似合う男性は、イケメンである**ということです。

シンプルな服は、洋服よりも着ているその人をより引き立てます。そのため、その人自身の素材がより強調されてしまいます。

たとえば、私は頭が大きいことにコンプレックスを抱いていました。学生の頃は、実用性だけを考えてつくられた無地の白い体操着を着ると、頭の大きさを強調されている気がして嫌で嫌で仕方がなかった苦い思い出があります（笑）。

しかし、**今は明るい色のジャケットやストライプ柄のシャツを着れば、人の目線が体の中心に向いて、頭の大きさをコーディネートでうまくカバーすることに成功**しています。

つまり、地味でも派手でもない「ちょうどいい服」を選びましょう。

では、次項以降、色や柄、小物などをさりげなく取り入れて、印象を格上げする具体的な方法について解説をしていきます。

【存在感を高める②】

人の心は「色」に反応する

人の記憶に残るポイントを取り入れるいちばん手っ取り早い方法は、**「服に色を取り入れる」**ことです。「情熱の赤」「誠実の青」など、人は色にイメージを持っているため、色のイメージをそのまま印象に結びつけられるからです。

私が高校の頃に友達と初めて渋谷に行ったときの話です。渋谷に行った目的は、「カッコいい服を買う」でした（笑）。

私にとって、初めての渋谷は別世界。

地元（千葉県）のジーンズメイトには置いていなかった服が渋谷にはたくさんありました。特に印象的だったのは、**女性物と勘違いするようなカラフルな服がたくさんあった**ことです。

水色のポロシャツ、真っ赤なブルゾン、薄ピンクのTシャツ……。

当時は「男がこんなカラフルな服を着るの？」と思っていました。

しかし、色彩心理学によると色は次のように、さまざまなイメージを持ち合わせていることがわかりました。

赤：情熱、活力
青：誠実、知的
むらさき：高貴、神秘
緑：安らぎ、落ち着き
オレンジ：陽気、元気

出典：『色彩心理のすべてがわかる本』（山脇恵子 著、ナツメ社）

このように、**人は色に対して「イメージ」を持っている**ので、醸し出したい印象に合わせて色を取り入れることもできます。

そのときのポイントは、**「アウター」「インナー」「パンツ」「靴」の4アイテムのうち、アクセントとして1か所だけに彩りが強い色を取り入れること**です。

一般的に、**「挿し色」**と呼ばれている、コーディネート手法です。

挿し色をいちばん取り入れやすいのは、見た目の表面積が最も少ない**インナー**です。秋冬だったら赤や青などはっきりした色のセーター、春夏だったらピンクや水色など淡い色のシャツがおすすめです。

また挿し色を取り入れると、全身の印象が間延びしない、**アクセント効果**もあります。男性の場合、異なる色が2か所以上入ると全身の印象が散らかってしまうので、**挿し色は1か所だけ**に留めましょう。


色は印象をつくるうえで有効な仕掛けです。

色を加えるだけで、人の記憶に自分の存在を強く残すことができます。

【存在感を高める③】

基本の柄はチェックかストライプ

柄も、色と同様で、「イメージ」を持ち合わせています。

ビジネスファッションの基本の柄は、チェックかストライプです。この2つは**シャツ**で取り入れやすい柄です。

また、**ジャケットやスーツに柄を取り入れるなら、窓の格子のようなウィンドウペンというチェック**もあります。

ギンガムチェックだとIT企業の社員が着ていそうなクリエイティブなイメージがあるため、私は**「クリエイティブのギンガムチェック」**と呼んでいます。

ストライプは、やり手のビジネスマンのようなイメージがあるため**「できる男のストライプ」**。

ウィンドウペンは、イギリステイストなイメージがあるので、**「紳士のウィンドウペン」**と呼んでいます。

なかでも、**1㎝四方のギンガムチェックシャツは、クールビズスタイルでの使い勝手が抜群**です。

ストライプ柄に比べ、ややカジュアルな印象が強いギンガムチェックは、スーツよりカジュアルなクールビズに合います。半袖シャツでも、オシャレ感が出て違和感がありません。

また、大きめのギンガムチェック柄のシャツは、ＩＴ系ビジネスマンが着ているイメージが強くクリエイティブな印象を発してくれます。

ノージャケットの場合は、シャツの柄がネクタイの代わりに印象を彩ってくれます。ノーネクタイスタイルが一般的になりつつある昨今、普段のスーツに合わせていた白シャツをそのままスーツスラックスに合わせると、「手抜き感」が出てしまいます。

というのも、スーツ姿に白シャツが多い理由は、スーツの厳粛な雰囲気を引き立てるネクタイの、脇役に徹するためだからです。

白シャツを活かしたい場合は、スラックスを工夫しましょう。

ブルー掛かったグレーのスラックスやチェック柄・ストライプ柄が入ったものであればアクセントになります。

また、クールビズのみならず、オフィスカジュアルやスーツスタイルでも柄を1か所入れることはプラスに働きます。ただ、**柄を2か所以上入れると、うるさい印象になる**ので気をつけましょう。

【存在感を高める④】

「アウター」でさらに格上を目指す

好印象を持ってもらえる身だしなみには、80点以上が必要だと述べましたが、**アウター選びを工夫すれば、ワンランクアップした見た目**をつくって印象を100点に持っていきやすくなります。

80点の見た目を目指すのであれば、ユニクロやスーツカンパニーのジャケットで十分ですが、仕事上の大切な会食や婚活パーティーなど、ここぞという勝負時には、品質のよい「アウター」を活用してみてください。

100点になるべく近づけたいなら、百貨店やセレクトショップでアウターを買うことをおすすめします。

ここで言う**アウターとは、ジャケット**のことです。

身体のいちばん外側にきて、かつ表面積が広いジャケットは、いちばん目立ちます。

値段で言うと、ユニクロだと**1万円以内**、スーツカンパニーだと**2万円～2万5000円くらい**で購入することができます。百貨店やセレクトショップになると、**5万円**は見ておく必要がありますが、ここでお金をかけるか、かけないかで、見た目に差がつきます。

80点のジャケットと100点のジャケットの違いは、**「質感」**と**「丈感」**です。

お客様から「ユニクロとマルイで扱われているアウターの違いはわかるけれど、百貨店とマルイで扱われているアウターの違いはよくわからない」という声をよく耳にします。

ですがそれは、試着したときに「質感」と「丈感」に違いがあると誰でも気づくはずです。

百貨店やセレクトショップには、バイヤーが買いつけてきたジャケットが豊富にあります。海外規格のものも多く、定番の紺色のジャケットでも高級感が伝わるキレイな光沢や、迫力ある織りなどの質感が際立っています。

また、**丈の長さ**も特徴的です。もちろん、自分のサイズに合わせて丈は直してもらいますが、それでも**気持ち「長め」な仕上がりのものが多い**です。

しかし、その「長め」は、「長すぎる長い」とは異なり、丈以外の肩、胸まわり・お腹まわりのサイズを合わせたうえで**「エレガントに見える丈」**になります。

質感と丈感の絶妙なバランスが、見た目を100点により近づけてくれる秘密のカラクリになります。

具体的に丈感の違いは、次のような長さで表されています。

ここでは、一例として私が持っているジャケットの着丈（後ろの襟の下の縫い目からジャケットの裾までの長さ）で比べてみます。

・スーツカンパニーの165㎝サイズ（S相当）の着丈……65㎝
・百貨店やセレクトショップのXSサイズ（日本規格のS相当）の着丈……70㎝
・ユニクロのSサイズの着丈……65㎝

丈を短めにすればカジュアルな印象を、長めにすればフォーマルな印象を与えることができます。

他に海外規格に近いジャケットの品揃えがいい会社には、エストネーション、ビームス、アバハウス、シップス、トゥモローランドなどがあります。

普段着として活用するならば、ユニクロやスーツカンパニーの服で十分ですが、フォーマルな場やかしこまった場所に行くときは、ぜひ海外規格のジャケットを試してみてください。

ジャケットは、予算によってバリエーションが限定されます。1着1万円以内で購入できるリーズナブルなショップだとバリエーションはだいたい1種類です。

しかし、ジャケット1着を2万円～2万5千円程度で取り扱っているショップだと、最低でも5種類はバリーションがあります。

まず**1着目に持っておきたいデザイン**としては、次のようなものをチョイスしてみてください。

色：青みが強いライトネイビーか、黒に近いダークネイビー

デザイン：2つボタンか、段返りの3つボタン

生地：春夏用なら機能性に優れた高級なポリエステル地、秋冬用ならフランネルのウール地

靴も含めて全身にかける予算を100％とするなら、**アウターにかける予算を50％、残りのアイテムを50％というバランスがベスト**です。

【存在感を高める⑤】

靴選びのポイント

靴は、全身のコーデの中で、最も簡単に選べるアイテムです。

私は、服の質感とのバランスさえ間違えなければ、**履きこなせない靴は存在しない**と考えているので、お客様には**「靴は人を選びません」**とお伝えしています。

ただ、服が靴に負けてしまうリスクはあるので、全体のバランスを考慮して、**靴は最後に選びます。**

「足元を見る」ということわざがあるように、足元から得られる情報は多くあります。

靴自体を大切にすることも重要ですが、「靴そのもの」だけではなく**「靴と全身のバランス」にもこだわりましょう。**

どんなに高級な靴を履いても、手入れなしでは高そうに見えませんし、靴だけ立派でも服装が安っぽく見えれば違和感を与えてしまいます。

手入れに関して、靴は1年周期で買い替えれば、手ごろな価格の靴でも生活感がさほど目立たないので、**「1年経ったら買い替え」**を目安としつつ、日頃の手入れをマメに行ってください。

なお、5万円以上の高級な靴は、手入れ次第で長持ちします。

「靴と全体のバランス」は、**「ベルト」「ソックス」「パンツ」**の3つのポイントで考えます。

ベルトについては、色合わせが大切です。ご存知の方がほとんどだと思いますが、**ベルトと靴の色は、合わせることがビジネスファッションの基本**なので、必ず押さえてください。

ソックスは、そもそも下着の役割なので、**存在感を控え目にする**ことがポイントです。靴とパンツの色に近いソックスを選ぶことで、悪目立ちを避けられます。

最後に、**パンツと靴は、質感を合わせる**ことを意識してみてください。

ヒラヒラとなびくエレガントなウールスラックスにはツルっとした革靴が合います

が、ゴワついた綿のチノパンにはザラっとしたスエード調の革靴が合います。

一方、相性が悪い組み合わせは、次のようなパターンです。

ウールスラックスにザラっとしたスエード靴。パンツの余った生地がスエード革に引っかかってしまいシワのように見えてしまいます。

また、ゴワっとしたカジュアルなチノパンにツルっとした革靴を合わせると、靴のエレガントさに服が負けてしまいます。

「靴は最後に選ぶ」「靴は全体のバランスに合わせる」、この2つのポイントを押さえるだけで、靴選び力が格段に高まります。

【存在感を高める⑥】

コミュニケーションとしての小物

ここでは、ファッションアイテムの中でもハードルが高いと思われている「小物」について解説をしていきます。

ビジネスファッションで使える小物は、**ポケットチーフ**と**ブートニエール**です。ジャケットの胸ポケットに挿すポケットチーフは、認知度が高いファッションアイテムですが、実践率は20％ほどです。

一方、ブートニエールは認知度が低く、実践率は１％程度です。ブートニエールとは、ジャケットの社章などを挿す穴につけるブローチのようなものです。フェルト生地など質感のある素材でつくられているものが多く、アクセサリーと比べたらギラギラ感が少ない小物です。

これらの**小物は、コミュニケーションツールとしてプラスに作用するアイテム**です。

ここで、ベンチャー企業を経営している男性（40代）の話を紹介したいと思います。

そのお客様からは、**「人前で話すセミナー講師を担当することになったので、講師に相応しいビジネスファッションを考えたい」**という依頼を受けました。

人前に立つときは普段より明るい色を着たほうが映えるので、「写真を撮られることもあるでしょうから、スーツよりジャケパンスタイルにして、華やかさを出しましょう」と提案しました。

このとき、コーデの仕上げにチョイスした小物が**ブートニエール**です。ジャケットの左襟のフラワーホール（ボタンホール）用に、フェルト生地でできた花型のブートニエールを選びました。

「えっ、こんなのつけるんですか？」

ブートニエールを初めて目の当たりにしたお客様の第一声はこうでした。

そのお客様は、今まで挑戦したことがない小物に戸惑ったようですが、「ジャケットと同色のブートニエールなので、そんなに目立ちません。ですが、セミナー後の名刺交換などで**『そのお花、素敵ですね』というような反応があって、会話が広がる**はずですよ」とお伝えしたら、半信半疑な様子ではありましたが、受け入れてくれました。

その後、こんなご報告をいただきました。

「驚きました！　あのブートニエール、すごく好評で、特に女性参加者からの反応が大きかったです。セミナーの内容だけではなく、私の話し方や立ち居振る舞いまで評価をいただき、服を変えた効果を実感しました」

ブートニエールはフランス語で「ボタンの穴」という意味を示します。その昔ヨーロッパで、男性が素敵な女性にいつでも花をプレゼントできるよう生花を挿していたことがルーツだそうです。

元は、花を挿す穴だったことから、ブートニエールを挿す穴は「フラワーホール」と呼ばれています。エレガントなスーツ姿にフェルト生地の小物はややカジュアルに見えますが、**オフィスカジュアルのジャケパンには、華やかさを加えてくれる便利なアイテム**です。

スーツスタイルの場合は、ポケットチーフを役立ててみてください。

もちろん、カフス・ネクタイピンも華やかさを出してくれますが、金属素材の小物よりも、繊維素材の小物のほうが柔らかさも出て、女性にも受け入れられやすい印象をつくれます。

胸元に挿すポケットチーフは、写真撮影のプロであるフォトグラファーが使う**レフ版のような効果**があります。

白いポケットチーフをスクエア型に折って、左胸に挿せば、小さい面積ではありますが、顔まわりを明るく見せてくれます。

第2章 「なりたい自分」を言葉にする

どんな服でも着こなす「おしゃれメンタル」をつくる

お客様に洋服を提案すると、試着せずに、しばしば「これは僕には似合わないでしょう」という反応をもらいます。しかし、**「似合わない」という判断は、じつは思い込みであることがほとんど**です。「ファッションはセンス」という説が浸透するあまり、感覚的に「これは僕に似合わない」と考える人が多いようですが、その先入観があなたの可能性を狭《せば》めてしまっていることもあります。

不動産投資をしているある男性（30代）の話です。

「服は好きだが得意ではないので、似合う服を選んでほしい」との依頼を受け、買い物に同行させていただきました。

そこで、百貨店へ行き、いろいろな服を試着してもらっていると、鏡に映った自分を見て、「これは僕には似合わない」とおっしゃっていました。

ところが、私はそう思いませんでした。

ただ、試着したジャケットと、もともと履いていたパンツの組み合わせが悪く、コーディネートとしてはイマイチな仕上がりでした。

つまり、**似合わないという感覚は、あなたに合わないのではなく、アイテム同士の相性が悪いときに感じる場合がほとんど**です。「人」と「服」ではなく、「服」と「服」の相性を見て、自分に合わないと誤解している可能性が高いのです。

そのため、着慣れないデザインや色の服を試着するときは、**全身のコーディネートを揃えて試着する**ことをおすすめします。そして、**全体の雰囲気を確認する**ことで、「なんか似合わない」という勘違いを防ぐことができます。

とはいえ、着たことがない服に違和感を覚えることは事実です。全身のコーディネートを揃えて全体の雰囲気を確認しても、見慣れていないために自分では判断がつかないこともあるでしょう。

そんなときは、**「まわりの反応」を確認する**ことが効果的です。

建築士の男性（50代）の話です。

彼は、パートナーを探すために何度もお見合いをしていたそうですが、「印象が堅すぎて、その堅さが女性を緊張させている」と結婚相談所からフィードバックされたとのことです。そこで、**「印象をガラッと変えて欲しい」**との依頼を受け、買い物に同行させていただきました。

お見合いには、いつも仕事に着ていくダークスーツで行かれていたようです。

ダークスーツに加えて、ご自身の表情の硬さも気になったので、カラフルな青いニットセーターに凸凹の織りがあるジャケットで印象に柔らかさをプラス。そこにワインレッド系のチノパンを合わせて、全身の印象をほぐしました。

その服を試着した彼は、初めて着る色に戸惑い、汗が止まらない状態でしたが、「お似合いなので騙されたと思って、その服でお見合いをしてみてください」とお伝えし、その日は解散しました。

後日、「お見合いが成功し、相談所のスタッフからも好評です！　これまでがウソみたいに状況が変わりました！」と、お見合いの結果を報告に来てくれました。あんなに恥じらっていたカラフルなジャケパン姿も、今では堂々と着こなしているというのです。

どんな服でも、気持ち次第で着こなせます。

新しい服を着るときは、**「新しい自分を演じる」**と考えてみてください。

役者の人は、自分の服の好みにかかわらず、いろんな服を違和感なく着こなして役になりきります。ドラマを見ていて「この人にこの服は似合わない」と思ったことはあまりないのではないでしょうか。

服同士の組み合わせ（コーディネート）さえ合っていれば、よほどのことがない限り、何を着ても違和感は生まれません。

着こなせるか着こなせないかは、コーディネートとその人の気持ち次第ということです。

「なりたい自分」を言語化して、自分のブランドイメージをつくる

フロイトの精神分析で有名なエピソードがあります。
ある女性は、二〇歳を過ぎても、水をコップから飲めない症状を抱えていました。それは、「幼少の頃に、嫌いな家庭教師が犬にコップの水を与えているのを見た」という記憶が原因になっていたからだそうです。

人は無意識のうちに、何かしらの情報をのせて物事を捉えていて、それは行動に影響を及ぼすほどのパワーを持っています。

このことは、服も同じです。
たとえば、「学校の先生が着ていそうなベスト」と聞いて、多くの人が似たようなベストを思い浮かべるのではないでしょうか。すると、そんなベストを見たとき、「な

んか学校の先生が着ていそう」と思うはずです。

この作用を自分に応用すると、服選びがすごく楽に、かつ的確になります。

「自分は〇〇な人間だ」
「〇〇な服は今の自分らしい」

このように「なりたい自分」のイメージを言葉にすれば、そのイメージに合わせて服を選べばいいので、服選びの基準が明確になります。

さらに、服選びの基準だけではなく、毎日の行動にも変化が起こります。

たとえば、仕事で「君なら成功するから任せるよ」と言われるのと、「絶対にミスをしないように」と言われるのとでは、どちらが気持ちよく仕事に取り組めるでしょうか。応援されながら仕事をしたら追い風が吹いているような勢いが生まれ、警告されながら仕事をしたら追い詰められるような切迫感を感じるはずです。

このように、言葉の力は思った以上に影響を及ぼすので、**「なりたい自分」のイメージを言語化すると、毎日の行動まで変わってくる**のです。

私のクライアントで、2代目経営者の男性（40代）がいます。30代の頃は同業他社でサラリーマンとして経験を積み、40代になって晴れて後継者として事業継承したそうです。

しかしこの彼には、ある悩みがありました。

それは、年上の部下と商談を行うと、部下だと思われてしまうことです。また、経営者仲間の間では、「まだサラリーマンみたい」と冗談半分にイジられるそうです。

そこで、**「経営者らしく見られたい！」**という依頼を受け、買い物に同行しました。

買い物には、普段のスーツ姿で来ていただきました。たしかに一般的なビジネススーツと代わり映えせず、経営者らしさはありません。

そのお客様は「なりたい自分」のイメージがはっきりしていたので、そのイメージ通りのコーデを一緒に探しました。

そのとき、私は彼に**「試着している服が、他人にどういう印象を与えるか」をリア**

ルに伝え、経営者らしさをイメージしてもらいました。

たとえば、グレー地にブルーのチェック柄のジャケット、そのチェック柄と同色のスラックス。「こんなジャケットとパンツを着ていたら、サラリーマンではなさそうですよね？」と伝え、イメージを持ってもらいながら服を選んでいきました。

後日、そうして選んだジャケパンで仕事をするようにしたら、部下に間違われることはなくなり、自信もみなぎって、「サラリーマンみたい」と経営者仲間からイジられることもなくなったそうです。


「形から入る」と言うと、メッキだと思う人もいるかもしれません。

しかし、見た目を変えてまわりのリアクションが大きく変われば、自信も芽生えて、そのメッキが本物の金になる可能性が十分にあります。

外見は、いちばん外側にある内面です。見た目を変えるということは、自分の心を整える作業そのものだと私は考えています。

また、**「なりたい自分を言語化する」**ということは、自分の印象にハッシュタグを付けるようなものです。SNSで頻出する「＃（ハッシュタグ）」とは、投稿の内容を端的に表したもの。これと同じように、自分がなりたいイメージを具体的なキーワードで表現できれば、それをもとに服も簡単に選ぶことができます。

たとえば、定番の紺ジャケットにグレースラックスを選ぶときに、**「＃丸の内で働く外資系ビジネスマン風」**というテーマを決めて選ぶ場合と、何もテーマを持たずに感覚で選ぶ場合とではその仕上がりがまったく異なります。

「＃丸の内で働く外資系ビジネスマン風」とイメージを持つだけで、ジャケットの紺の青みや、グレースラックスの色味などにもこだわりを持って選ぶことができます。そうして細部まで丁寧に選ぶようにすると、定番のオフィスカジュアルがテーマのある印象に仕上がり、**まわりには「いつも雰囲気がある人」という印象を与える**ことができます。

そんな反応が自信につながって、仕事の追い風になれば、一石二鳥です。

半年後、どんな自分でいたいですか？

ここでは、「なりたい自分」をイメージするための方法をお伝えします。

人は過去に着たことがある服を選びがちです。「着ていて違和感がなかった」という記憶があなたを安心させてくれるからです。

私はこれを**「想定内の服選び」**と呼んでいます。

そこで、私が買い物に同行する前に、クライアントには必ず、**「あなたは、半年先どんな自分でいたいですか？」**と聞き、そのイメージから逆説的に服を選ぶようにしています。

1年先ではイメージしづらい人もいるでしょうし、1か月先では現在とさほど変わらないかもしれません。ですが、**「6か月後」であれば半歩先の未来をリアルに感じやすい**と思います。

私は、「服」をセンスではなくロジックで選んでいます。

クライアントにも自分にも、選ぶ服にはすべて理由があり、言葉で説明ができます。

もちろん、迷うことがないわけではありません。

そんなときは、半年後にその服を着る場面、そこで与えたい印象を想像して「どの服を選べばいいのか」の明確な答えを導き出しています。


服のコンサルタントとして、お客様の服選びを「感覚」でやっていたら、提供するサービスに差が出てしまいます。料理のレシピのように、ロジックに基づいて服の着こなしを組み立てて、服のレシピをつくっています。

そして、お客様にいちばんぴったりなレシピを提供するようにしています。


そのようなレシピをつくるポイントが、**「半年後」に目を向けること**なのです。


半年先、あなたはどんな自分でいたいですか。

年齢にかかわらず人間は成長を求める生き物なので、「半年先の自分が着ていそうな服」という基準で「似合う服」を定義してみると、**半年後のビジョンを達成してい**

る自分が着ていそうな服を選ぶことができるはずです。

たとえば、半年後に起業したいというビジョンを持っている人がいたとします。サラリーマン時代と同じスーツを着ていると思いますか。半年後、起業して、事業が軌道にのったら、今とは違う身なりに変わるはずです。立場や役割によって着る服は違うからです。

しかし、「高い服を着ろ」と言っている訳ではありません。身の丈に合わない格好は逆効果なので、**「半年後の服選び」は、いつも通っている洋服屋さんでも構いません。**

「半年後、〇〇している自分は、どんなスーツを選ぶだろうか」という視点を持ってみてください。これまでだったら選ばなかった服に自然と手が伸びるはずです。

「なりたい自分」のイメージを言語化すると、見た目だけではなく、内面にも大きな変化をもたらしてくれます。

私はこれを**「想定外の服選び」**と呼んでいます。

「形から入る作戦」で自己暗示をかける

「人間は中身が大切だ」、その通りです。

「人を見た目で判断してはいけない」、まったくもってその通りです。

それでも、大きな変革を起こすときは形から入ることも重要だと私は考えています。なぜなら、**形から入ることで、自己暗示がかかって、モチベーションを高く保てる**からです。

行動が変わり、チャンスも引き寄せ、達成の確度がググっと引き上げられる経験を、私は実際に体験しました。

しかも、そのきっかけは、「服を変えたこと」でした。

私はある日突然、「スタイリスト」と名乗ってこの仕事を始めました。

「スタイリスト」と名乗るために専門的な資格は必要ないので、個人の名刺に書くことは自由です。私は、洋服の専門学校に通ったこともなく、アパレルショップで働いたこともなかったのですが、**「服が好き」「服を変えればいいことが起こる」**という思いを胸にこの仕事を始めました。

ところが、「スタイリスト」と書かれた肩書きの名刺を交換するたびに、全身をなめまわすような相手の視線に晒されることが多々ありました。

言葉では言われませんが、それはまるで「お前、スタイリストって感じじゃねーな」と小馬鹿にされている気分でした。

もし、当時の自分と名刺交換をしていたら、今の自分も笑っちゃうかもしれません。それくらい名刺と印象がチグハグだったのです……。

そこで、服を変え、せめて見た目だけでも「一流のスタイリスト」に見えるように努めました。**「形から入る作戦」**です。

ファッション業界人の格好をこれまで以上に研究し、服を買うショップも変えました。そして、これまでとは違う服装で異業種交流会などに参加しました。

すると、「あー、わかる。どうりでおしゃれなんですね」と言われることが増えて、まわりの反応が、がらっと変わったのです。

当時はまだ駆け出しのスタイリストでしたが、そんなまわりの反応を受けて**「スタイストである以上、駆け出しもベテランも関係ない！　プロのスタイリストとして一流の仕事をしないと恥ずかしい！」**とさらに自己暗示をかけました。

すると、仕事の成長率が急上昇していきました。それからは、仕事の依頼が増えただけではなく、学生の頃からドラマで見ていた大物俳優さんのイベントのスタイリングも担当させていただきました。

そして、数年後、私は「服のコンサルタント」を名乗るようになってからも、「形から入る作戦」で自己暗示をかけました。

そもそも、「服のコンサルタント」と名乗るようになったきっかけは、ある方から「服を通じて、問題解決をしているからコンサルタントと同じだね」と言われたことでした。コンサルタントというと、ビジネスのイメージが強いので、それに合わせ、私自身もビジネスファッションを着る機会を増やして、ビジネスファッションの仕事も増やしました。すると、東洋経済オンラインで連載が始まったり、企業のクールビズやオフィスカジュアル導入の社員研修の講師を担当したりするなど、ビジネスファッションに関する仕事がさらに増えました。

このような経験を積み重ねて、**「服は自己暗示をかけるいちばん簡単な方法」**だと思うようになりました。

その方法を、クライアントの方にも体験していただいたことがあります。

彼は、もともと私の知り合いで、行政書士を目指していた男性（当時30代）です。働きながら資格取得を目指して、すでに数年間が過ぎ、「もう、モチベーションが続かない」とプライベートの飲みの場で相談を受けました。

勉強は図書館でしているというので、**「すでに行政書士として活躍し、調べものをするために図書館に来た」という設定の格好で勉強したらどうかと提案**をしてみました。私自身も成功した「形から入る作戦」です。

後日、「行政書士の人が着ていそうな堅い印象のジャケット」を一緒に買いに行き、彼はそのジャケットを着て図書館で勉強に励みました。

その結果、翌年に見事、**合格**したのです！

「形から入る作戦の効果でテンションが上がり、これまでよりも勉強に集中できたよ」と笑顔で報告してくれました。

このとき、彼に選んだ服は華やかな格好でもなんでもありません。ベーシックな紺色のジャケットにグレースラックス。それにノーネクタイでも合わせられるボタンダウンカラーのシャツでした。

重視したことは、**「行政書士として活躍していそうな人のジャケット」というイメージを言語化して服を選んだ**ことです。

A5ランクの松坂牛と知らずにお肉を食べるのと、その情報を知って食べるのでは味は変わらずとも体感が変わります。食べているものは同じであっても、人はお肉そのものにのった情報も合わせて味わっているからです。

服も同じです。世間にはいろいろな成功法がありますが、**「形から入る作戦」で自己暗示をかけるというやり方も、「現実を変える方法」**だと私は実感しています。

そうして現実が変われば、内面も変わり、あなたの存在感をさらに引き出す大きな一助になります。

過去の服を断捨離すると、新しい一歩が踏み出せる

ここまで、「なりたい自分」のイメージを明確にするために、未来視点のアプローチをお伝えしてきました。

ここでは、「過去」と向き合ってもらい、過去と未来をつなげる視点で「なりたい自分」のイメージについて考えていきたいと思います。

服を変えて新しい自分になりたいと思ったら、**「過去の服を捨てること」**を私はおすすめしています。

なぜなら、良くも悪くも過去の服は、あなたの記憶を呼び戻すものだからです。

大事にとってある服は、記憶や思い出が詰まっているので、本当に素晴らしい財産ですが、その財産があなたの成長や変化を妨げる原因になっているなら、潔く捨てることも大切です。

外資系保険会社の営業マンとして働くクライアント（30代）の話です。

その彼から**「転職をしたけど、なかなかうまくいかないので、服を変えて心機一転したい」**との依頼を受けました。

買い物前のヒアリングで、どんな洋服を買うかについて相談をしました。

当時、その彼は転職して半年。愛社精神が強い同僚に囲まれ、入社早々馴染めないと感じてしまったそうです。他の営業マンと比べたら、グイグイ喋るキャラでもなく、営業手法も服装も自分流を模索中でした。着ていたスーツは前職時代にオーダーで仕立てた高級品。また、前職に対する誇りが強く、その気持ちも手放していないようにお見受けしました。


そこで私は、外資系保険会社の営業マンらしい青みが強い明るいネイビースーツをあえて提案しました。

その一方で、**前職時代のスーツをリリースすることも提案**しました。前職時代のスーツに前職の誇りや名残惜しさがあることが、今の仕事に変なブレーキをかけてしまっているのではないかと思ったからです。

「物を大切にすること」と「過去の自分を手放したくないこと」、これらは混同しがちです。「まだ着られるのにもったいない」という考えはその通りです。しかし、その場合、服に投影された何かしらの感情が、あなたを過去に縛っている可能性があります。

結局、彼は、前職時代のスーツをリリースしました。その後、再び彼にお会いしたとき、明らかに表情が柔らかくなっていたのです。聞けば、以前よりも契約をもらえるようになったということでした。

誰でも、まだ着られる服を捨てることは、罪悪感を覚えるものです。そんなとき私は、リサイクルショップを活用しています。

また、服を捨てる基準として、**「2年着ていない服は手放す」**という機械的な考え方もあります。

2年着ていない服ということは、2シーズン袖を通していないことになります。そんな状況で、3シーズン目に袖を通すことは、あまりないのではないでしょうか。

なぜなら、時間が経てば自分が変わるからです。年齢による外見的な変化もそうですが、仕事をしていると立場や行動規範が変わり、２年前とは状況が変わっていることがほとんどです。

時間が経つほどに、「着ていない服」を着る機会を失ういちばんの理由がこれです。

それでも捨てられない服があるときは、無理に処分する必要はありません。ただ、その服に詰まった想いとしっかり向き合えば、新しい一歩を踏み出すことができます。

私の経験上、捨てられない服には、自分の中で消化しきれていない出来事が関係しているケースがほとんどです。

たとえば、過去の成功体験を忘れたくないあまり、そのときに身につけていた服を捨てられなくなることがあります。

しかし、「変わりたくない、という気持ちが自分の中に潜んでいるんだ」と受け入れると、過去も服も手放せます。そして、心にスペースができた分、未来に目が向くようになります。

一見、ビジネスファッションから離れた話のようですが、これは私が実際にクライアントの方にお伝えしている話です。

私のところに「服で変わりたい」と相談してくださるクライアントの方は、それぞれが「変わりたい」と思った理由を胸に秘められています。

その理由がどうであれ、過去から自分を解放するために、一度、この方法を試してみてください。

では、いよいよ実践編です。「38種類の着こなしコーデ」を紹介します。

第3章

真似する▼オフィス編

coordinate 01

営業や商談には「鮮やかなネイビースーツ」！

外資系生命保険会社のトップ営業マン風

サポートアイテム

明るい色の
ネクタイ

キーアイテム

青みの強い
ライトネイビー
スーツ

信頼される男は、「エネルギー」と「親近感」に溢れている

青みが強いライトネイビーのスーツは、**イキイキとした印象**を与えます。さらに、明るい色のネクタイと合わせれば、**親近感**をプラスできます。

たとえば、3色使いのネクタイで、白色が入っているものです。明るさが特徴のライトネイビースーツには、明るい色のネクタイが馴染みます。単色なら、水色やオレンジがおすすめです。

売上勝負の世界にいる外資系生命保険会社の営業マンは、「できるヤツ」というイメージですが、顧客からの信頼を勝ち取るために、「親近感」や「安心感」といった印象も大切にしているそうです。

青系のスーツに抵抗がある人は、いつもの紺色のスーツよりワントーン明るい色から始めてみましょう。

プレゼンスを上げたいなら「白いポケットチーフ」!

ビジネスパーティーに慣れたＩＴ企業の経営者風

白いポケットチーフは、自分を照らすスポットライト

胸元に白いポケットチーフをスクエア型に挿すと、ダークスーツとコントラストが目立って、**存在感**が出ます。胸ポケットから0.7〜1.2㎝見える程度の挿し方がベストです。ポケットチーフが全身に占める面積はわずかですが、女性のピアスが印象を際立たせるように、印象がかなり変わります。

代表的な素材といえば、麻とシルク。麻は夏の素材と思われがちですが、ポケットチーフにおける麻素材はオールシーズンに対応可能で、1年中フォーマルな印象を演出します。特に、四角形に折りたたむスクエア挿しの場合は、折り目がしっかりつく麻のほうが適しています。

明るいネクタイと合わせれば、顔まわりに**明るい華やかさ**が生まれます。

ハイクラス層との交渉には「無地のネクタイ」！

メガバンクの銀行マン風

キーアイテム
無地のネクタイ

サポートアイテム
濃い
グレースーツ

相手のオーラに飲まれない重厚感を身に纏《まと》う

できる男の風格を服で表現できたら、相手の役職に気負わないで仕事に集中できそうです。

そんなふうに考える人におすすめなのが、「無地のこげ茶色のネクタイ」です。このスタイルでは、**「少しお堅い雰囲気」**がポイントです。

こげ茶色は、色彩心理学で「ロジカルな説得力が増す色」だとされています。相手の視界に入りやすいネクタイをこげ茶色にすることで、**論理的な印象**を与えることができます。濃いグレーのスーツと組み合わせれば、**上品さ**も添えられます。濃いグレースーツには、こげ茶色のほかに、重厚感や信頼のイメージを持つ紺色のネクタイもよく合います。

クレームを丸く収めたいなら「水色のネクタイ」！

外資系ホテルの総支配人風

「言葉」と「空気」で誠意を伝える

仕事で人間関係のトラブルが起きたときは、水色の力を借りましょう。**水色は、色彩心理学で「人を落ち着かせる効果が高い色」**だとされています。クレーム対応の場面で水色のアイテムを活用すれば、相手のイライラを緩和させることができるかもしれません。

ここでも、相手の視界に入りやすいネクタイを水色にします。色の効果を高めるために、柄は無地で、素材は艶のあるシルクで表情を持たせましょう。

ダークネイビースーツを合わせることで、全体のフォルムが引き締まり、**ビシッとした礼儀正しさ**も加わります。

目上の人と打ち解けたいなら「黒のストレートチップ」！

製薬会社のＭＲ風

王道は、人の警戒心を緩める必殺技

昨今は、ビジネスファッションでも茶靴を履く人が増えましたが、目上の人にとっては、そのちょっとした個性が生意気に映ることもあります。

そこで、ビジネス靴の王道である**「黒いストレートチップ」で好感度を高めましょう。**ストレートチップとは、足指のつけ根あたりに、横一本線が入った、冠婚葬祭から就職活動まで対応可能な王道のフォーマル靴です。

また、靴はきちんと手入れされていることが重要です。ピカピカに磨いてあることはもちろん、かかとのすり減り具合もチェックします。ベルトは、靴の色に合わせた黒がマストです。

靴にあえて王道を持ってくることで、**「細部まで気を配っている人」**だと思ってもらえて、それが好感度につながります。

企画をプレゼンするときは「淡いブルーシャツ」！

メーカーの商品企画担当者風

イタリア生まれの色合わせで、個性が光る優秀さを主張

こげ茶色は、色彩心理学で「ロジカルな説得力が増す色」だと前述しました（P101）。そのときのテーマは重厚感でしたが、ここでは、こげ茶色のネクタイに淡いブルーシャツを組み合わせて、より洗練された印象を目指します。

「こげ茶色のネクタイ」×「淡いブルーシャツ」の組み合わせは、イタリアでは「アズーロ・エ・マローネ」と呼ばれ、絶妙な色の方程式とされています。

シャツで特におすすめの型は「クレリックシャツ」です。クレリックシャツとは、襟と袖のパーツのみに白い生地をつかったシャツです。ボディは色シャツで、襟と袖に白い切り替えしがつくことでメリハリが生まれます。

ロジカルな印象の茶色に、デザイン性の高い爽やかな淡いブルーシャツを組み合わせることで、**真面目さと柔軟性を兼ね備えた印象**がつくり出されます。

同期に差をつけたいなら「スリーピースのベスト」!

海外出張が多い総合商社マン風

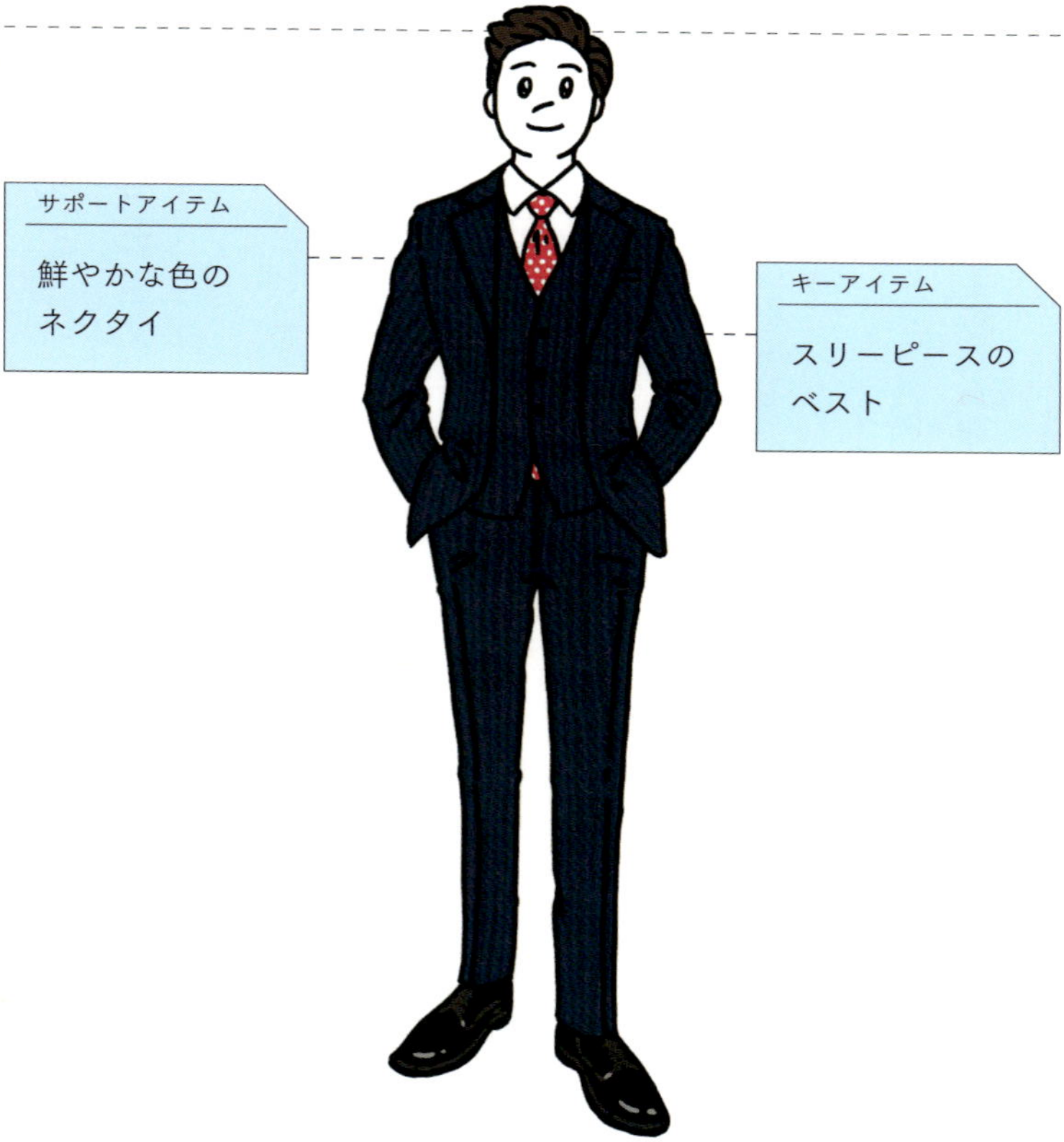

その他大勢とは違う存在感を演出

スリーピースとは、「ジャケット」「スラックス」「ベスト」の3アイテムで構成されたスーツスタイルです。もともとスーツは、スリーピースが正式とされていたので、纏うと、**厳粛さ**が漂います。また少数派のスタイルなので、**特別感**も演出できます。

ネクタイの一部がベストで隠れるので、赤や紫、オレンジなど、普段は躊《ちゅう》躇《ちょ》してしまう鮮やかな色も簡単に合わせられます。

スリーピースではビシッとした着こなしが特に大切です。ネクタイの剣先がベストからはみ出るようなら、剣先をスラックスの中にしまいます。さらに、ネクタイピンをつければ、ネクタイのズレも防止できます。

世界水準でもあるスリーピーススタイルが**男の風格を格上げ**してくれます。

絶対に失敗できない案件に臨むときは「ピンストライプのスーツ」！

出世コースを走る財閥企業の管理職風

さりげない柄が、男の威厳を際立たせる

ピンストライプとは、小さい点を直線に並べた縦しま模様のことです。スーツの定番の柄ですが、ストライプ線の間隔によって印象が変わります。線と線の間隔が狭いと繊細でエレガントな印象を、間隔が広いと堂々とした力強い印象を与えます。気合いを入れたいときにぴったりの柄で、スリーピースだとより**威厳**が出ます。

ビジネススーツの場合、線と線の間隔は2㎝までがよいと思います。

またストライプの濃淡は、3m離れて鏡を見たときにストライプが目立つようなら、柄の色が濃すぎます。紺地にストライプの線を薄っすらと感じる程度がベストです。このスーツに黒いストレートチップシューズを合わせると**重厚感**も生まれます。

取引先に女性が多いときは「チャコールグレーのスーツ」！

霞が関に通勤するキャリア官僚風

余裕のある男は、地味なアイテムを品よく合わせる

チャコールグレーの「チャコール」は石炭という意味で、ダークがかったグレーをチャコールグレーと呼びます。チャコールグレーは、自己主張が控えめな中間色なので、どんな職場にも馴染みやすい色です。ただ、光沢がないチャコールグレーは地味で無機質な印象を与えることもあります。そこで、微光沢のチャコールグレーを選べば**謙虚な上品さ**を出すことができます。

さらに、「小紋柄《こもんがら》」と呼ばれる小さな柄や無地のネクタイを合わせれば、上品さが際立ちます。人の視線が行きやすいネクタイまわりを控え目にすることで、その印象を強く主張することができるからです。

一つひとつのアイテムは地味でも、全身で統一感を持たせれば、女性ウケもいい上品で落ち着いた**大人の風格**を演出することができます。

coordinate 10

夜にデートがあるときは「艶消しのカフス」!

外資系自動車メーカーの営業マン風

昼はフォーマル、夜はムーディーを醸し出す

カフスボタン（カフス）は、ちょっとした小物に思えますが、袖口に素材のコントラストをもたらして、手元をパリッとした印象にしてくれます。

金属素材は一歩間違えるといやらしく見えますが、艶を消したマットな金属素材のカフスなら、**品のよさ**を醸し出すこともできます。

カフスボタンを付けるときは、「ダブルカフス」と呼ばれる専用シャツを選びます。カフスを付けなくても成立する、２ＷＡＹタイプのシャツもありますが、「ダブルカフス」のシャツがベストです。ダブルカフスのシャツは袖口にカフス用の穴が２つあり、その間にカフスを挿すようになっています。

カフスは、ビジネスシーンではフォーマルさを際立たせてくれますが、プライベートシーンでは、アクセサリーとして**艶っぽさ**を添えてくれます。

おめでたい席に参加するときは「ブロードのシャツ」！

英国のロイヤルファミリー風

シャツの光沢が印象に品と気高さを添える

ブロードのシャツとは、「ブロード織」という織り方でつくられたシャツで、微光沢があることが特徴です。一般的なシャツと同じ綿素材でも、織り方によって微光沢が生まれ、シャツの表情が変わります。

ヨーロッパでは、「ブロードの白シャツ＝フォーマル」という認識が強く、数あるビジネス使いのシャツの中で、**かしこまった雰囲気と相手への敬意を醸し出す**シャツだとされています。

そのため、ブロード織のシャツの場合は、襟がボタンダウンだとカジュアルさが出て、そのエレガントさを損ないかねません。

ネクタイと合わせる場合、ブロードの白シャツはボタンダウン以外の襟型を選びましょう。

coordinate 12

男の余裕を見せたいときは「フィンガーチップ丈のチェスターコート」！

ウォール街に通勤するトレーダー風

キーアイテム

フィンガーチップ丈のチェスターコート

意外と多い「残念なコートの着こなし」を見直そう

ビジネスコートの定番「チェスターコート」を品よく男らしく着こなすためには、いくつかポイントがあります。

まず、コート選びでは丈感が大切です。コートの最適丈は、身長に応じて変わります。日本人の平均身長は、およそ172㎝と言われています。

172㎝未満の人は、「フィンガーチップ丈」がベストです。フィンガーチップ丈とは、両腕を下ろしたとき、中指が裾にくる程度の丈のことです。身長が高い人なら、長いコート丈も似合いますが、膝より長いロング丈は、おしゃれ難易度が上がります。フィンガーチップから膝丈までが誰でも取り入れやすい丈です。また、マフラーを巻く場合は、カシミアなど上質な素材のものと合わせると、チェスターコートが持つ**上品な印象**がなお際立ちます。

大人の貫禄を出したいなら「本革のビジネスブリーフ」!

一目置かれる敏腕弁護士風

実力と寡黙さを兼ね備えた男の必需品

しばしば、靴の手入れの大切さが説かれていますが、ビジネスでは「鞄もチェックされている」と心得ましょう。人は、足元同様、手の先にも目がいくからです。

プロ意識を何かで表現したいときは、ビジネスバッグで差をつけます。なかでも、本革のビジネスブリーフが最適です。素材の性質上、軽くはありませんが、その**重厚感**が印象に反映され、**本物にこだわる姿勢**が伝わります。このとき、ベルトと靴の色を鞄と合わせると、統一感のある全体像をつくることができます。

鞄などの小物は、テコ入れが後回しになりがちですが、「細部にこだわる姿勢」で選べば、重厚な印象を与えることができます。

スーツスタイルでおしゃれを表現したいときは「こげ茶色の靴とベルト」!

スーツスタイルのテレビコメンテーター風

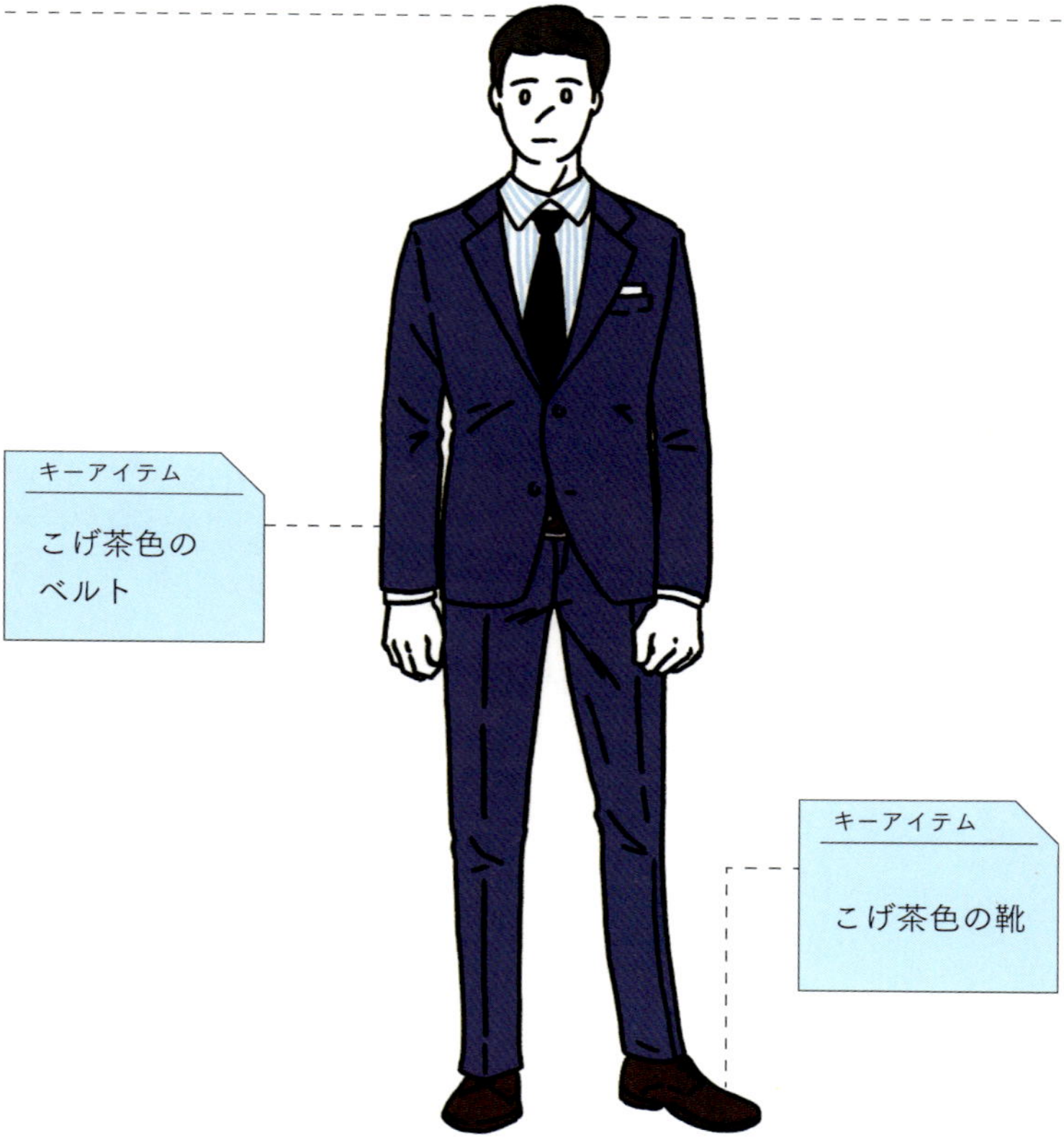

セルフプロデュース力は、色で差がつく

ファションにこげ茶色を取り入れると、おしゃれな雰囲気を出せます。また、ビジネスファッションにおけるこげ茶色は、少数派ゆえに、**既成概念にとらわれない印象**を醸し出すことができます。

スーツに合わせる革靴の王道色といえば黒ですが、ネイビースーツに合わせるときは、イタリア人に馴染みが深いこげ茶色がおすすめです（アズーロ・エ・マローネ↓P107）。このとき、スーツのネイビーが明るい場合、靴とベルトの茶色も明るくすると、より馴染みやすくなります。

靴とベルトに加え、バッグの持ち手なども革パーツの色に揃えればかなりのおしゃれ上級者に見えます。

第4章

真似する▼オフィスカジュアル編

coordinate 15

ビジネス交流会で人脈を増やすなら「赤いセーター」！

クリエイティブなWebデザイナー風

キーアイテム

薄手の赤い
ニットセーター

サポートアイテム

グレーの
ジャケパン

初対面が多い場では、色で自分のキャラを設定する

情熱を印象づける赤はパワフルで、人の記憶に残りやすい色です。

秋冬であれば、シャツとジャケットの間に薄手のニットセーターで赤を挟むと、ネクタイがなくても**印象にインパクト**を持たせられ、ウール素材だと、柔らかい印象をプラスできます。

真っ赤なセーターに抵抗がある人は、必ずしも赤である必要はありません。たとえば、紺・グレーの代わりに、もう少し明るい青系のセーターでも、普段より格段に**存在感**を出しやすくなります。ポイントは、「ジャケットやパンツではハードルが高い色」を選ぶことです。

ビジネスファッションでの色使いは限られていますが、ニットセーターやネクタイなど小物に色を挿すことは、手軽に実践できます。

スマートカジュアルなら「チェックのジャケット」！

イタリアのビジネスマン風

色と柄は、簡単に取り入れられる

スマートカジュアルは、ジャケットを前提とした着こなしですが、ビジネス仕様のネイビースーツだとカジュアルさに欠けます。そこで、色や柄ジャケットを巧みに取り入れるイタリアのビジネスマンからヒントをもらいます。

たとえば、ギンガムチェック柄のジャケット。この柄のジャケットは、見慣れないため、抵抗感があるかもしれませんが、春夏であれば白パンと合わせると、**爽やかな印象**をつくれます。さらに、水色やピンクなどの淡い色のシャツと合わせれば、**上品さ**が加わります。

このとき、体形によって柄の大きさを変えます。体が大きい人は柄を大きく、体が小さい人は柄を小さくしましょう。派手めのビジネスコーデのポイントは、柄や色を調整して、自分にぴったり合うものを選ぶことです。

オフィスカジュアルなら「ダブル裾のスラックス」!

丸の内の外資系ビジネスマン風

サポートアイテム

ネイビージャケット

キーアイテム

ダブル裾のグレースラックス

きちんとしているのに、おしゃれに見える

オフィスカジュアルの基本形は、上下の生地が異なる「ジャケット&スラックス」です。「オフィスに相応しいスーツ以外の服」という位置づけで、通称「ジャケパン」とも呼ばれています。大手企業がオフィスを構える丸の内周辺でよく見かけますが、注目すべきは「スラックスの裾型が必ずしもシングルではない」ということです。

「ダブル裾」は、「シングル裾」と比べて、**カジュアル要素が強く**なります。そのため、着こなしに表情が生まれて、**こなれた印象**を出せます。

折り返し幅は3・5〜4cm程度。日本人の平均身長の172cmを基準にして、大柄な人は4cm、小柄な人は3・5cmを目安に微調整します。

仕事のテンションを上げたいときは「襟立ちのよい白シャツ」！

おしゃれなサッカー選手の私服風

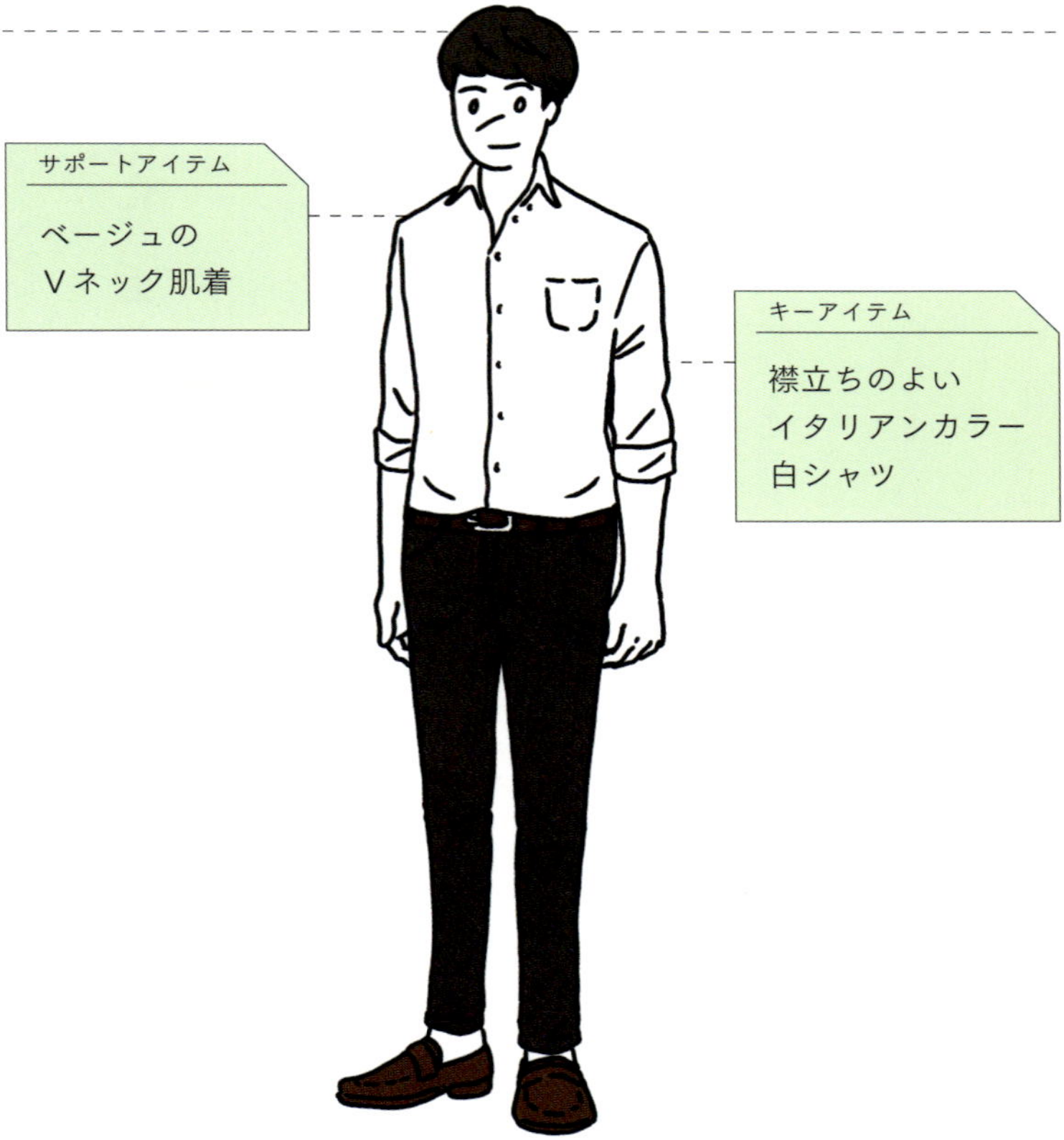

襟立ちの勢いで気持ちも上がるコーデ

襟立ちのよい白シャツは、ノーネクタイを前提とされていて、通称イタリアンカラーシャツと言われています。「裏前立て」と呼ばれる襟裏の生地が広めに取られていて、首から胸元にかけて生地は襟立ちの強度を高めるために二重になっています。その結果、襟が凛と立ちノーネクタイでもパリッと見え、**テンションが上がります。**

ただし、第一ボタンを開けたときに、肌着が見えてしまうと残念な印象になってしまうので、肌着はベージュ色のVネックにしましょう。ベージュ色は肌の色に馴染むため、白シャツでも透けることがありません。

パンツは、少しタイトな、くるぶし丈（くるぶしが見える丈）のものを選ぶと、襟元から足元までシュッとした**スマートなイメージ**を出すことができます。

脱サラして起業したい人は「白いチノパン」！

ＩＴベンチャーの社長風

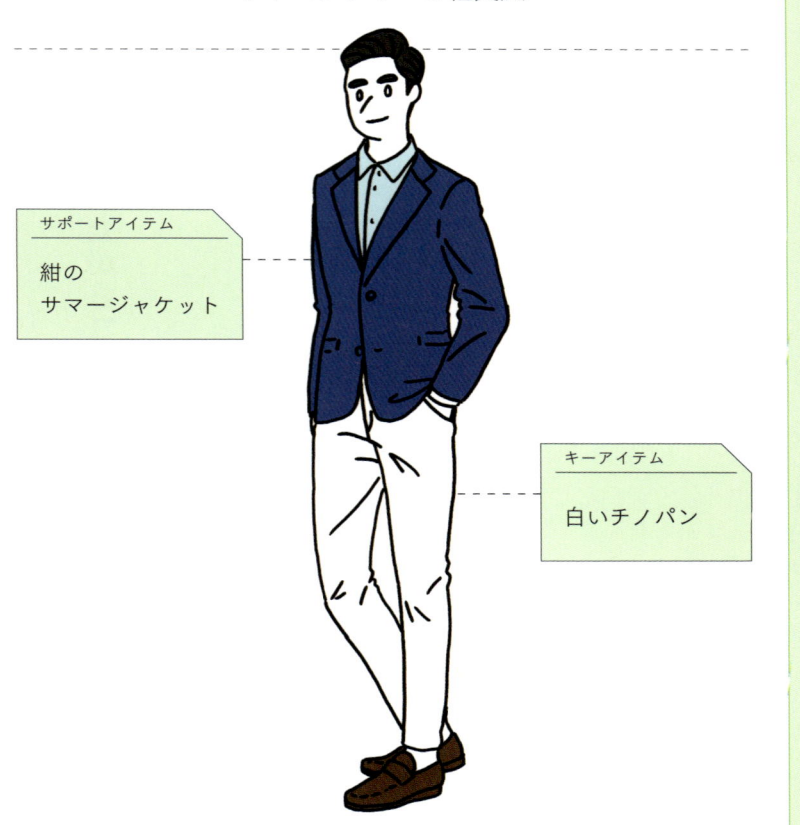

サポートアイテム

紺の
サマージャケット

キーアイテム

白いチノパン

常識に囚われない男の正装

白いチノパンは、爽やかさに加え、**既成概念に囚われない柔軟な印象**を与えます。トップに紺のサマージャケットを合わせれば、**きちんと感**も出せます。

「紺」×「白」の組み合わせは、マリンを連想しがちですが、オフィス街では、「柔軟な発想の持ち主」というメッセージを発信するコーデです。

「スーツにネクタイで身だしなみOK」という時代ではなくなりました。服を自身の情報発信する媒体として活かすなら、インナーはワイシャツではなく、Tシャツと合わせても映えるコーデです。

白いチノパンに抵抗がある人は、少しクリーム掛かったアイボリー色を合わせてみてください。

ナンパに見えないおしゃれを楽しむなら「水色のクレリックシャツ」！

大手広告代理店マン風

趣味と仕事がボーダレスな男は、色で遊ぶ

襟とボディの生地が切り替わるクレリックシャツ。シンプルでありながらも、**さり気ない遊び心**を印象づけます。シャツ単体で2色使うので、無地のネクタイも**華やか**に見えます。

ビジネスシーンで定番と言われる無地の水色をベースに、白襟で切り替えしたクレリックシャツの色使いとデザインが程よいバランスで、遊び心の中にも**きちんとした印象**を与えることができます。

ネクタイも、シャツの色と同じくらいの濃度のものであれば、明るい色でも全体にバランスよく馴染みます。柄物ネクタイを絞めるならば、柄の一部の色とシャツの色を合わせると、ワンランク上の印象に仕上がります。

大勢の前で話すときは「ベージュ色のジャケット」！

プロのセミナー講師風

キーアイテム

ベージュ色のジャケット

サポートアイテム

チャコールグレーのスラックス

アースカラーで場を優しく包み込む

お客様から「人前で話すときに着る服」をオーダーされたときは、明るい服を選ぶことが多いです。そのほうが**舞台映え**し、その人のスキルが際立って見えるからです。女性であれば白いジャケットも選択肢に挙がりますが、男性が着こなすには難易度が高いでしょう。そこで、ベージュ色のジャケットです。

男性のビジネスファッションでは黒・紺・グレーなどの色が多いので、ベージュ色のジャケットは、**ひときわ明るい印象**を与えます。

パンツは、チャコールグレーのスラックスにして、ジャケットの明るい印象を引き締めます。このコーデには、白シャツにノーネクタイも◎です。ネクタイを絞めるなら、紺色など濃い目のネクタイと合わせると印象がグッと締まります。

新規事業を軌道にのせたいなら「毛羽立《けばだ》ちのあるジャケット」！

創業５年の会社の社長風

ひと味違う素材で、「頑張ってないおしゃれ感」を出す

ザラっとした質感の毛羽立ちのあるジャケットは**おしゃれにこなれた印象**を与えます。しかも、ネクタイを絞めれば、スーツ同様、**きちんとしたイメージ**をプラスできます。このジャケットには、ザラっとした織りのネクタイがよく馴染みます。

また、ネクタイの代わりに薄手のニットセーターをシャツとジャケットの間に挟めば、一段とおしゃれな印象を与えることができます。

型が決まっているビジネスファッションの世界では、着こなしの自由は制限されます。だからこそ、ジャケットの質感が変わるだけで大きな違いが生まれるのです。そうしたこなれた印象は、上司の指示を待つ組織の一員というより、自分で決裁権を持つビジネスマンに見えるのではないでしょうか。

エッジが立った企画を提案するなら「ニットのネクタイ」！

ＰＲ会社のディレクター風

胸元から攻めのオーラを放つ

ザックリした質感が特徴のニットのネクタイ。

その印象は、一般的なネクタイに比べてほっこりと見えるため、スーツよりジャケパンに合います。そして、明らかに個性的なネクタイは、**「人とは違う個性」**を印象づけてくれます。着こなしのポイントは、スーツではなくジャケパンと合わせることです。エレガントなスーツとザックリした質感のニットネクタイではバランスが悪いのです。

一般的に、ニットネクタイは夏に着用するイメージですが、素材によっては冬も使えます。夏専用のニットネクタイは麻、冬も使えるニットネクタイはウールで織られていると覚えておいてください。ただ、どちらも織り方は変わらないため、見た目の違いはそれほどありません。

「おしゃれですね」を引き出すなら「白いブートニエール」!

ファッション雑誌の編集長風

「できる人たらし」は会話の種を服にも仕込む

ブートニエール（P66参照）は、百貨店のネクタイ売り場で販売されていることが多く、素材・形・色などはさまざまです。そんななかでも、白いブートニエールはジャケットの色を問わないので、合わせやすいです。

スーツに小物で飾りを持たせることは、男性にはあまり馴染みがない感覚ですが、女性からの反応は想像以上によくなります。

女性が「かわいい」とか、**「おしゃれですね」**と思わず言ってしまうようなワンポイントとなり、女性との雑談のきっかけになるコミュニケーションツールの役割も果たしてくれます。

アクセサリーという性質上、**カジュアルさがある**ので、エレガントなスーツより、オフィスカジュアルのジャケパンのほうが合わせやすいでしょう。

coordinate 25

フットワークを軽くしたいなら「ブルー系のステンカラーコート」！

経済雑誌の編集者風

ハードワークでもくたびれた印象を与えない色使い

スーツ、ジャケットの上に羽織るコートの代表格であるステンカラーコート。その印象は、**上品ながらもアクティブ**です。

ウール素材の地厚なタイプばかりではなく、レインコート感覚の薄い生地のものもよく見かけるようになりました。生地が薄いものはコンパクトに折りたためて、持ち運びがしやすい利点もあります。

私のおすすめの色は、断然ブルー系です。カラフルながらも明るすぎず、ビジネスシーンでよく使う黒・グレー・紺色によく馴染むからです。

また、青系と相性のよいこげ茶色を鞄に持ってくると、さらにおしゃれ度が高まります。鞄以外にも、靴とベルトに茶色を合わせれば**品のいい全身コーデ**ができ上がります。

スーツで季節感を楽しみたいなら「スエード革のチャッカブーツ」！

フリーのコピーライター風

サポートアイテム

フランネル生地のスーツ

キーアイテム

スエード革のチャッカブーツ

時代を読める男は、季節感にも敏感

スエード革のチャッカブーツは、冬に試したいおしゃれアイテムです。堅い革靴に比べ、柔らかな質感が特徴で、**暖かみのある見た目**になり、**季節感**が際立ちます。

この素材の靴には、一般的なビジネススーツではなく、毛羽立ちのあるフランネル生地のスーツを合わせましょう。

このとき、スラックスの裾は、シングルよりダブル仕上げ（ダブル裾：P130）がおすすめです。ダブル仕上げとは、スラックスの裾に3・5〜4㎝程度の折り返しをつける裾上げのことです。また、ベルトの素材もスエード革に揃えるとより統一感が生まれます。

coordinate 27

コミュニケーションを円滑にしたいなら「紺のニットジレ」！

おもちゃメーカーの敏腕プランナー風

キーアイテム

紺のニットジレ

サポートアイテム

ダークカラーのスラックス

素材の温かみで相手に安心感を与える

ジャケットとシャツの間に挟むボタン付きのベストは、フランス語で「GIRET（ジレ）」と呼ばれるファッションアイテムです。

なかでも、ニットセーター素材をつかったジレは「ニットジレ」と呼ばれ、**ほっこりとした親しみやすさを醸し出す**、秋冬のオフィスカジュアルで役立つアイテムです。

このとき、ニットジレとスラックスの明るさを近づけると印象がまとまります。ベストは縦のシルエットを強調しキレイに見せてくれるアイテムですが、ベストとパンツに明暗の差が大きくコントラストが強いと、縦シルエットがぼんやりとしてしまうので、気をつけましょう。

時代の先端を走りたいなら「濃紺のデニム」！

シリコンバレーのビジネスマン風

職場にジーンズが馴染むシンプルなルールとは？

ビジネスファッションにジーンズという選択。意外な組み合わせかもしれませんが、２０１７年に「脱スーツ・デー」をプレスリリースした伊藤忠商事を皮切りに、ビジネスシーンでもその存在感が台頭してきています。

ただ、社内のドレスコードでジーンズが解禁になっても、ダメージ加工されたジーンズは避けて、仕事に相応しい雰囲気になるようにしたいところです。

そこで、きれい目の濃紺デニムがおすすめです。

また、ビジネスシーンにおけるジーンズ姿こそ、崩しすぎず、**ジャケットとネクタイでエレガントに組み合わせたい**ところです。

カジュアルなニットネクタイなら、**おしゃれ感**も際立って、ジーンズとの相性は抜群です。

メガネで個性を出したいときは「セルフレームのメガネ」！

大手人材会社の若手プロジェクトリーダー風

キーアイテム

セルフレームのメガネ

サポートアイテム

王道のジャケパン

ビジネスシーンにも馴染む遊び心

「ビジネスメガネと言えばメタルフレーム」という考えは、もはや通用しないかもしれません。堅い印象があるメタルフレームにダークスーツはよく合います。ところが、ジャケパンをはじめ、多様化するビジネスファッションには、メタルフレームのメガネよりもセルフレーム（プラスチック素材のフレーム）のメガネのほうが馴染みます。

柔らかな印象を与えるセルフレームのメガネ。昨今のビジネスファッションでは、20〜40代のビジネスマンを中心によく使用されています。

このメガネは、ジャケパンによく合います。もちろん、スーツでも青みが強いライトネイビーやミディアムグレーより明るいグレーには合わせやすいアイテムです。

合コンに誘われたら「カシミアのマフラー」！

恵比寿の名店に詳しい高年収のビジネスマン風

キーアイテム

カシミアのマフラー

肌触りのよさが、コミュニケーションのきっかけにもなる

カシミアのマフラーは、その柔らかな触り心地に加え、**優しい印象**を与えます。ウールとカシミア、男性から見ると、その差はあまりわかりません。しかし、女性はその差に敏感です。値段に反応するというより、高級素材であるカシミアの本物志向に反応するのかもしれません。また、肌触りのよさは、「ふわふわ好き」の**女性の心をくすぐる**こともあるでしょう。

巻き方は、ボリューム感によって変わります。短い場合はグルっと一重に巻く「ワンループ」と呼ばれる巻き方をします。このワンループで巻いたときにマフラーの先端がぶらぶらと遊んでしまう場合は、ねじりが多い「ミラノ巻き」がおすすめです。

第5章

真似する▼プライベート編

婚活パーティーなら「白いスニーカー」！

都会的で表参道が似合う30〜40代の大人の男風

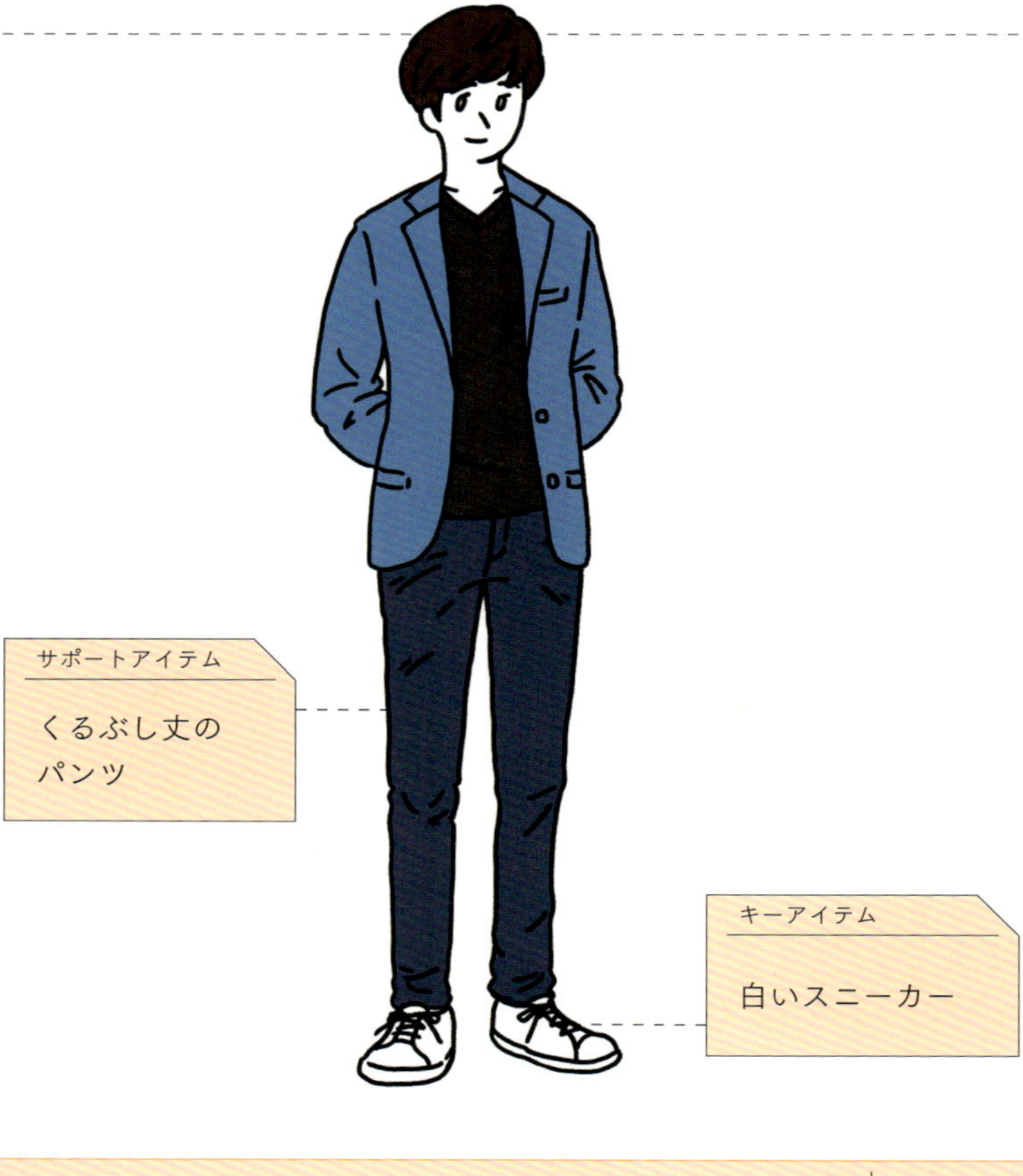

白は、女性に「王子さま」を連想させる色

東京で女性に人気の表参道。その街並みにマッチする大人は年齢にかかわらず若々しいイメージですが、年齢は服装で十分カバーできます。

休日に履く白いスニーカーは、見るからに**爽やかな印象**を与えます。

さらに、くるぶし丈のパンツと合わせれば、**都会的なイメージ**がプラスされます。「足元の白靴は汚れやすい」という理由で敬遠する男性が多いですが、女性からの好感度は想像以上に高いのです。

白いスニーカーの汚れは、１００円ショップで販売されている水回り用の「メラニンスポンジ」を使えばきれいに落とせます。また、靴ヒモも汚れたら洗ったり変えたりしましょう。

街コンに行くなら「濃紺のGジャン」!

カッコいいのに親しみやすいカリスマ美容師風

キーアイテム

濃紺のGジャン

サポートアイテム

黒いチノパン

Gジャンは、飾らない男のよき相棒

濃紺のGジャンは、**やんちゃながらもキレイな印象**を与えます。

さらに、黒いチノパンを合わせれば、**モダンな雰囲気**をプラスできます。Gジャンはアメカジのイメージが強いですが、黒いパンツや白いスニーカーを合わせることで、今っぽい見え方に変わります。

カリスマ美容師たちには、「カッコいい」というイメージがありますが、彼らはリピーターの重要性を理解し**「親しみやすさ」**といった印象も大事にしているそうなので、このコーデはその雰囲気をお手本にしています。

濃紺のGジャンに抵抗がある方は、紺色のデニムシャツをTシャツの上に羽織ってみましょう。

週末に飲み会へ行くなら「グレージュのビジネストート」！

休日に銀座をブラブラするラフな大人風

キラーアイテムで大人カジュアルに華を持たせる

グレーとベージュが混ざったニュアンスカラー（淡いトーンの色）を「グレージュ」と呼びます。この色のビジネストート（バッグ）は、カジュアルからジャケットスタイルまで幅広い格好に合わせられます。

形状がしっかりしていても、黒や茶色と比べて明るいため、カジュアルでも馴染みます。そして、**カジュアルスタイルを大人っぽく**仕上げてくれます。このとき、ニュアンスカラーで全身の印象をぼけさせないために、服ではコントラストをつけて、**メリハリのある全体像**をつくりましょう。

グレージュのバッグに苦手意識がある人は、定番色である紺色のトートバッグを選んでみてください。

ちょっと遠出のドライブに行くなら「赤いダウンジャケット」！

休日のニューヨーカー風

「カッコいいオヤジ」の正しい派手めのファッション

休日の赤いダウンジャケットは、エネルギッシュで**イキイキとした印象**を与えます。さらに、黒いスキニーパンツと合わせれば、**モダンな雰囲気**をプラスできます。

ダウンジャケットはアウトドアなどのときによく使われ、カジュアル要素が強いため、赤や黒といったモダンな配色で**エレガントさ**を持たせることがポイントです。

トップスは襟がない1枚で着られるセーターがよく合います。そして、白いスニーカーを合わせれば、モダンカジュアルなダウンジャケット姿の完成です。

赤いダウンジャケットに抵抗がある人は、ウール生地のダウンジャケットを選んで、素材感で勝負しましょう。

同級生と再会するなら「ニットのジャケット」！

彼女と買い物に行くリア充の彼氏風

ラクなのに、カッコいい

カーデガン感覚で羽織るニットのジャケットは、**リラックスした大人の印象**を与えます。

さらに、白いVネックを合わせれば、**爽やかさ**をプラスできます。紺・グレー・ベージュなど、ニットジャケットの色を問わず合わせられるため、白いVネックは使い勝手抜群です。

彼女とデートで買い物に行くとき、どんな私服がいいのか迷うという声をよく耳にします。カーデガン感覚でリラックスしつつ、ジャケットの形状であれば、行き先を問わず、さまざまな場所に馴染みます。

ニットジャケットに抵抗がある人は、カーデガンを合わせてもいいでしょう。

いずれにせよ、**「キメすぎない格好」**がこのコーデのポイントです。

ホームパーティーには「ギンガムチェックのシャツ」！

カフェが似合う休日のＩＴ企業ビジネスマン風

東京が似合う男のカジュアルスタイル

チェック幅が1㎝四方のギンガムチェックのシャツは、**爽やかでクリエイティブな印象**を与えます。紺のチノパンと合わせれば、**都会的なイメージ**がプラスされ、さらに青系統の全身に、ブラウン系のローファー（ヒモや留め具のないスリップ・オンの皮靴）を合わせれば、**リラックス感**も加わります。

社会に出てからの友人のお宅に伺う場合、あまり崩しすぎてもキメすぎても浮いてしまうものです。

オン・オフ兼用のバランスのちょうどいい塩梅《あんばい》が、このコーデのポイントです。

大きめの柄に抵抗がある人は、チェック幅は3㎜程度でも構いません。その場合、色はピンクや水色など淡くてきれいな色を選びましょう。

仲間とアウトドアを楽しむなら「台襟のポロシャツ」！

休日の総合商社マン風

ポロシャツをカッコよく着こなせる男は10人に1人

台襟のポロシャツは、**スポーティーで大人っぽい印象**を与えます。

さらに、白いチノパンを合わせれば、エネルギッシュにアウトドアを楽しむ**爽やかなイメージ**をプラスできます。

台襟とはワイシャツと同様の構造で、襟がキッチリ見える形状です。休日のリラックス感を醸し出しながらも、襟もとはきちんとした見栄えになります。

ポロシャツ選びのポイントは、丈の長さです。長すぎる丈はだらしない印象になってしまいます。パンツのファスナーが完全に隠れる場合は、着丈をカットするお直しをしましょう。

また、ポロシャツは肌着を着ないと、乳首が透けやすいため、紺色などダークカラーのポロシャツをおすすめします。

coordinate 38

子供の保護者イベントに行くなら「ボーダーのTシャツ」！

子煩悩なイクメンパパ風

キーアイテム

ボーダー柄のTシャツ

サポートアイテム

カジュアルジャケット

男の「かわいい」は、子供と女性の本能をくすぐる

マリンを感じさせる爽やかなボーダー柄のTシャツ。カジュアルジャケットを羽織れば、子供っぽく見える心配もなく、むしろ**爽やかな大人の印象**です。

男性にとって、ボーダー柄はかわいくなりすぎて抵抗があるかもしれません。

しかし、カジュアルジャケットがボーダーを大人っぽく仕上げてくれます。

ボーダーは、白地にブルー・紺のラインが入った定番の柄を選びましょう。カジュアルジャケットは紺・グレー・ベージュならどれでも合わせられます。

ボーダー柄に抵抗がある人は、地の色とラインの色のコントラストが弱いタイプを試してみましょう。いずれにしても、ボーダーを押さえておけば、**子供や女性がそのかわいさに反応する**はずです。

おわりに

1秒で自分の味方を増やす！　服は、「人生を変える」ツールです

服には、いろいろな役割があります。

温度調整などを目的とした**「機能」**、個性の演出を目的とした**「ファッション」**、そして人間関係の潤滑油となる**「コミュニケーション」**……などなど。

服の役割を「コミュニケーション」と捉えたとき、服は自分の味方を増やし、人生を変えるきっかけをもたらすツールになります。

これまで私は、多くのお客様から「服で人生が変わった瞬間」のご報告をいただきました。

「職場の人間関係がよくなり、チームの生産性が向上しました」
「社長としての風格がにじみ出て、社内の士気が高まりました」
「無事、彼女のご両親に結婚の挨拶をすることができました」

このようなご報告を通じて、「単にお客様に似合う服を選ぶのではなく、**お客様の目的を達成する服を選ぶこと**が私の役割である」と思うようになりました。

それまでは、TPO（時・場所・場合）に合った服選びを大切にしていましたが、**「お客様の目的・目標を実現させるためにはどんな服が効果的か」**ということを重視して服を選ぶようになったのです。

目的や目標に合った服を着ていると、まわりから**「最近、あいつなんか変わったぞ」**と期待を抱いてもらいやすくなります。

そして、まわりからの**評価が高まると、自信が湧いてきます。**これは、**服を変える大きな醍醐味《だいごみ》**だと私は思っています。

人は誰もが、無意識のうちに「自分はこういう人間だ」という自己定義を持っています。

自己定義が肯定的なものなら問題はありませんが、否定的なものだと、それが「自分にブレーキをかける原因」になってしまうことがあります。

「こんな服、自分には似合わない」
「こんなチャレンジ、自分には無理だろう」

これらは、私が実際に思っていたことです。

自己肯定感が低かった私は、**「どうせ僕なんかダメなヤツなんだ」**と自分で自分を決めつけて、**前へ進むことに制限をかけていました。**

しかし、自分なりに服を勉強して新しいコーデの研究と開発を積み重ねていくうちに、自分を客観的な視点で見ることができたのです。

「この服は、僕らしくはないかもしれないけど、こんな服を着たイケてる人を街で見たことはある……!」

このように感じた瞬間、「どうせ僕なんか病」がフッと消えて自分に期待感が芽生えました。

さらに、新しい服のコーデは、まわりからの反応もがらっと変えてくれました。

「その服、いいね！」

「最近、調子よさそうだね！」

「どうして急におしゃれになったの？」

このように、まわりの人からポジティブな言葉をかけてもらえることが増え、前へ進むことに制限をかけていたネガティブな気持ちも消えていきました。

いつの間にか、私は服が大好きになりました。

それは「ファッションが好き」というより、**「自分の成長を後押ししてくれる服の効果が好き」**という感覚です。

服を変えれば、**「まわりの反応」**が変わります。

まわりの反応が変われば、**「自分の心」**が変わります。
自分の心が変われば、**「自分の行動」**が変わります。

もし、今あなたが、何かしらのチャレンジを躊躇《ためら》っていたり、あきらめていたりしていても、一度きりの人生だから現状を打破したいと思っているならば、本書で紹介したビジネスコーデをぜひ試してみてください。

そうすれば、**「人の反応」が面白いように変わって、自分自身の心も変わり、現状にいい影響を与える行動をとることができるようになります。**
そして、**服以上に、あなたの顔つきが変わっているはず**です。

ファッションを好きになったり、得意になったりする必要はありません。
服を「人生の壁を超えるツール」だと思ってみるだけで十分です。

服は、「1秒で自分の味方を増やしてくれるツール」です。

いつかどこかで、お互いの**「服で人生が変わった瞬間」**について語り合える日が来ることを楽しみにしています。

２０１９年９月

スタイリスト　森《もり》井《い》良《よし》行《ゆき》

『38歳からのビジネスコーデ図鑑』はいかがでしたでしょうか。本書は「服をビジネスツール」として捉えた私のノウハウのエッセンスをギュギュっと凝縮したものです。真似するだけで劇的に印象が変わるため、第一歩としては十分すぎる内容だと思います。

「服を戦略的に着こなすことに興味を持ち、もっと詳しくなりたい！」と思われた方、「コーディネートの実例やアイテム情報をもっと知りたい！」と感じられた方は、森井良行のオンラインサロン「エレカジ大学」をご参照ください。

【エレカジ大学のQRコード】http://elegant-casual.com/services.univ/

また、森井良行「エレカジ無料メルマガ」をご希望の方は下記のQRコードから登録が可能です。

【エレカジ無料メルマガのQRコード】http://elegant-casual.com/services/mm

いつかどこかで、あなたにお会いすることを楽しみにしております。最後までご覧いただき、ありがとうございました。

森井良行（もりい よしゆき）

スタイリスト／一般社団法人 服のコンサルタント協会代表。

日本大学卒業後、一般企業を経て、2007年にスタイリストとして独立。のちに、一般社団法人「服のコンサルタント協会」代表理事に就任。

「外見とは、いちばん外側にある内面。外見を磨くことは、内面のよさを伝える第一歩」をモットーに、これまで4500人を超えるビジネスマンの買い物に同行する。現在ではユニクロからエルメスまでを上手に活かす「着こなしのメソッド」を構築。そのメソッドは、服が与える印象を言語化し、カジュアルとスーツの間に位置する大人のよそ行き「エレガントカジュアル（通称エレカジ）」をコーディネートに取り入れることを特徴としている。

また、東洋経済オンラインで連載、All Aboutメンズファッションガイドを務める。自身も学生時代に服やおしゃれに悩んでいたからこそ書けるユーザー目線の記事が評判となる。

著書に『毎朝、迷わない！　ユニクロ&ツープライススーツの上手な使い方』（WAVE出版）、『男の服選びがわかる本』（池田書店）などがある。

真似《まね》するだけで印象《いんしょう》が劇的《げきてき》によくなる
38歳《さい》からのビジネスコーデ図鑑《ずかん》

2019年10月20日　初版発行

著　者　森井良行
発行者　杉本淳一

発行所　株式会社日本実業出版社　東京都新宿区市谷本村町3－29　〒162－0845
大阪市北区西天満6－8－1　〒530－0047
編集部　☎03－3268－5651
営業部　☎03－3268－5161　振　替　00170－1－25349
https://www.njg.co.jp/

印刷・製本／図書印刷

この本の内容についてのお問合せは、書面かFAX（03－3268－0832）にてお願い致します。

落丁・乱丁本は、送料小社負担にて、お取り替え致します。

ISBN 978-4-534-05727-3　Printed in JAPAN

日本実業出版社の本

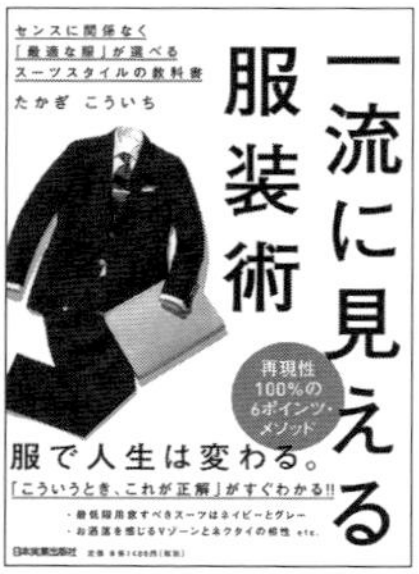

センスに関係なく「最適な服」が選べるスーツスタイルの教科書

一流に見える服装術

たかぎ こういち
定価 本体 1400円（税別）

お金をかけなくてもファッション知識がゼロでも、メンズファッションの「こういうとき、これが正解」がすぐわかる。見た目で損をしないために、誰でも「再現性100パーセントのメソッド」をロジカルにわかりやすく解説。服で人生は変わる！

「一流の存在感」がある人の振る舞いのルール

丸山 ゆ利絵
定価 本体 1400円（税別）

一流の人たちだけが知っている“暗黙のルール”を初公開。「アゴの角度に姿勢は表われる」「流行を追いかけると“クラス感”が落ちる」「会食時に財布を見せるな」など、社格、専門性、能力にふさわしい振る舞いが身につく。

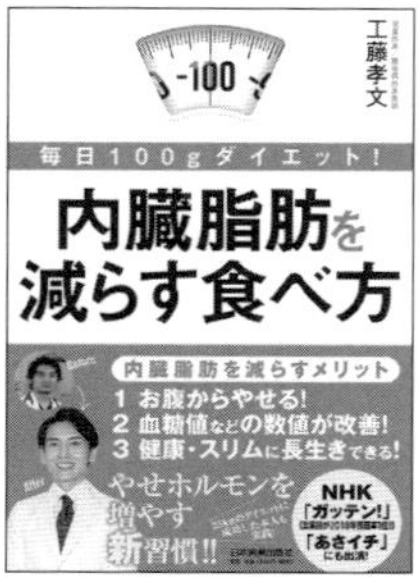

毎日100gダイエット！

内臓脂肪を減らす食べ方

工藤孝文
定価 本体 1300円（税別）

お腹が出てきた、体重が増え続ける……犯人は内臓脂肪だった！　やせホルモンの分泌を減らし、デブホルモンの分泌を増やす内臓脂肪のデブ・スパイラルを阻止するには!?「つきやすく落ちやすい」内臓脂肪撃退のコツを解説。

定価変更の場合はご了承ください。